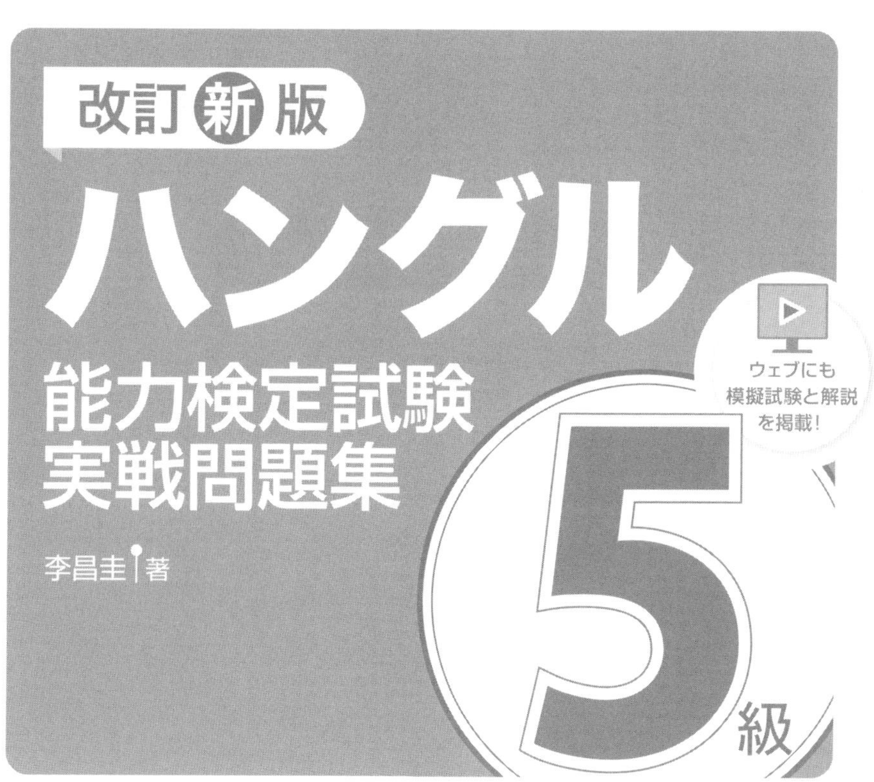
改訂新版
ハングル
能力検定試験
実戦問題集
李昌圭 著
ウェブにも
模擬試験と解説
を掲載！
5級

朝日出版社

本書 HP のご案内

本書の購入者は、下記URLまたはQRコードから、
本書の音声（ストリーミング / ダウンロード形式）と、
「第６章　模擬試験」・「第８章　解説編」をご確認いただけます。

https://text.asahipress.com/text-web/korean/shinhanken5/index.html

【音声（ストリーミング / ダウンロード形式）について】
「第5章　聞き取り問題」、「第６章　模擬試験」の聞き取り問題が用意されています。

・トラック番号は、該当問題箇所に「🔊1」と表記しています。
※「第5章　聞き取り問題」は各ページごと、「第６章　模擬試験」は各大問ごとにトラック番号を表記しています。

・「第５章　聞き取り問題」では、各類型別問題（1～5）の冒頭にQRコード、
「第６章　模擬試験」では、第1回、第2回聞き取り問題の冒頭にQRコードをご用意しました。
こちらのQRコードからは、ストリーミング形式の音声のみご利用いただけます。

【第６章　模擬試験について】
上記サイト内、「第６章　模擬試験」をクリックしていただくと、
本書と同一内容の「模擬試験」を何度でも解いていただけます。

【第８章　解説編について】
上記サイト内、「第８章　解説編」をクリックしていただくと、
本書と同一内容の「解説」がご確認いただけます。

※上記内容は、予告なく変更する場合がございます。あらかじめご了承ください。
※QRコードは（株）デンソーウェーブの登録商標です。

ハングル能力検定５級合格のために

まえがきにかえて

ハングル能力検定試験は、世界の学習者を対象とした韓国語能力試験（TOPIK）と違い、日本国内の学習者のみを対象とした試験です。TOPIK にはない、発音、表記、用言の活用などの文法、あいさつなどの定型表現、漢字の読み、韓日・日韓訳の問題など、日本語話者の学習環境に特化された問題が出題されるのが特徴です。

本書は、このような試験の出題内容を５級の出題類型に沿って詳細に分析して、学習者が試験の類型別ポイントを効率的に覚えられるようにしています。同時に豊富に収録した問題の練習を通して十分な試験準備ができるよう次のように構成しています。

❶ 出題内容を類型別に詳細に分析、整理してわかりやすく提示。

— 筆記の発音、表記、語彙、用言の活用や助詞・語尾などの文法、定型表現、文の内容理解問題、聞き取りのイラスト、応答文、文の内容理解問題など、出題内容とポイントを類型別に体系的に理解し、覚えられます。

— 類型別の重要な学習事項は「合格資料」としてまとめて提示しています。

❷ 問題類型別に豊富な実戦問題を収録。

本書収録の５２０問（本試験の８回分以上相当）の豊富な問題を通してすべての出題形式の問題が実戦的に練習できます。

❸ 本試験への対応力を磨く聞き取り問題と音声を収録。

実戦的な問題と音声を通して、試験への対応力と聴解力が効率的に鍛えられます。

❹ 全練習問題にチェックボックス(☑)を設定。

間違えた問題や不得意な問題は印をつけ、繰り返し練習ができます。

本書収録の様々な形式の問題を解くことによって５級レベルの学習事項を確実にまとめて覚え、応用できるようになるはずです。５級の試験対策用として、または学習成果の総合的な確認用として大いに活用してください。

みなさんのさらなる韓国語力の向上と５級の合格を願います。

著者

目　次

第7章　聞き取り問題台本

第8章　解説編

第1章　発音と表記問題

第2章　語彙問題

第3章　文法と定型表現問題

第4章　文の内容理解問題

合格資料

試験時の注意事項

※ ハングル検定試験の問題冊子には以下のような注意事項が書いてあります。
一読し、試験時の参考にしてください。

【試験前の注意事項】

1) 監督の指示があるまで、問題冊子を開いてはいけません。

2) 聞き取り試験中に筆記試験の問題部分を見ることは不正行為となるので、充分ご注意ください。

3) 問題冊子は試験終了後に持ち帰ってください。
マークシートを教室外に持ち出した場合、試験は無効となります。

【マークシート記入時の注意事項】

1) マークシートへの記入は「記入例」を参照し、**HB 以上の黒鉛筆、またはシャープペンシル**ではっきりとマークしてください。**ボールペンやサインペンは使用できません。**
訂正する場合は、消しゴムで丁寧に消してください。

2) 氏名、受験地、受験級、受験地コード、受験番号、生まれ月日は、もれのないよう正しくマークし、記入してください。

3) マークシートにメモをしてはいけません。メモをする場合は、問題冊子にしてください。

4) マークシートを汚したり、折り曲げたりしないでください。

※ 試験の解答速報は、試験終了後、ハングル検定協会の公式HPで公開されます。
https://www.hangul.or.jp/

※ 巻末にマークシートのサンプルがあります。

【試験当日に持参するもの】

1. 受験票：縦4cm×横3cmの顔写真貼付。
2. 筆記用具：HB以上の黒鉛筆、またはシャープペンシルとプラスチック消しゴム。(サインペンは使用不可)
3. 身分証明書：顔写真が確認できるもの。状況により提示を求められる場合あり。

※ 腕時計：時計が設置されていない教室もある。腕時計以外は使用不可。

※ 教室内の空調や気温の変化に対応できる服装。

ハングル能力検定試験概要

1 試験概要

❶ **実施時期**：年２回、春季と秋季の年２回実施される。

春季	秋季
６月　第１日曜日	11月　第２日曜日

❷ **願書の入手方法**

・ハングル能力検定協会のHPで請求、またはダウンロードできる。
https://www.hangul.or.jp/
・受付期間中全国主要書店にて無料で願書が入手できる。
・ハングル検定協会にFAXまたは葉書で直接請求できる。

❸ **申し込みの方法**

・上記のハングル検定協会のHPで直接「オンライン申し込み」をする。
・書店か郵便局で検定料を払い込んでから、払込証書と願書を同封して上記のハングル検定協会へ郵送する。
※ 受験に際しては「ハングル能力検定協会」のHPで最新の情報を確認して下さい。

❹ **試験時間**：５級の聞き取り試験と筆記試験はすべて午前中に実施される。４級は午後に実施されるので、併願での受験が可能である。

区分	級	聞き取り試験	筆記試験
午前	5級	10：30～11：00	11：00～12：00
午後	4級	14：00～14：30	14：30～15：30

❺ **試験形式**：５級の聞き取りと筆記試験はすべてマークシート形式で実施される。

❻ **合格基準点**：聞き取り試験４０点、筆記試験６０点の１００点満点中、60点以上で合格となる。

❼ **合格発表**：検定日から約１か月後に、試験の点数と合否が記された成績通知票が郵送される。

2 5級の試験内容

❶ 聞き取り問題の構成

大問	問題類型	問題数	配点
1	イラスト問題	3問	2点
2	数詞の聞き取り問題	4問	2点
3	応答文選択問題（1）	4問	2点
4	応答文選択問題（2）	4問	2点
5	文の内容一致問題	5問	2点
	20問、40点満点	20問	40点

❷ 筆記試験の構成

大問	問題類型	問題数	配点
1	発音問題	3問	1点
2	表記問題	4問	1点
3	単語選択問題	5問	1点
4	短文の空所補充問題	5問	2点
5	対話文の空所補充問題	4問	2点
6	語句の置き換え問題	2問	2点
7	用言の活用問題	3問	1点
8	助詞・語尾・慣用表現問題	3問	1点
9	あいさつなど定型表現問題	2問	1点
10	対話文の空所完成問題	5問	2点
11	文章の内容理解問題	2問	2点
12	対話文の内容理解問題	2問	2点
	40問、60点満点	40問	60点

❸ 5級の評価基準：以下のような基準で出題・評価される。

5級	• ６０分授業を４０回受講した程度。 • 韓国語を習い始めた初歩の段階で、基礎的な韓国語をある程度理解し、それらを用いて表現できる。 • ハングルの母音（字）と子音（字）を正確に区別できる。 • 約４８０語の単語や限られた文型からなる文を理解することができる。 • 決まり文句としてのあいさつやあいづち、簡単な質問ができ、またそのような質問に答えることができる。 • 自分自身や家族の名前、特徴・好き嫌いなどの私的な話題、日課や予定、食べ物などの身近なことについて伝え合うことができる。 • １００点満点【聞き取り４０点（３０分）、筆記６０点（６０分）】で６０点以上合格 ※合格点（６０点）に達していても聞き取り試験を受けていないと不合格になる。 ※マークシート使用。

第1章

発音と表記問題

	問題類型	出題問題数	配点
1	発音問題	3	1
2	表記問題	4	1

発音と表記に関する問題

1 出題内容

発音と表記に関する問題は、①発音どおりに正しく表記されたものを選ぶ問題が3問(各1点)、②単語の綴りが正しく表記されたものを選ぶ問題が4問(各1点)出題される。発音と表記を何となく自己流で覚えているのではなく、発音の変化を理解し、綴りを正しく覚えているかが問われる。

1 発音問題

５級の試験では、次のような音変化が出題対象となる。

❶ **代表音**：代表音で読まれる終声（パッチム）の読み

【例】꽃 [꼳] 花　다섯 [다섣] 五つ　밖 [박] 外　앞 [압] 前
값 [갑] 値段　낮 [낟] 昼　닭 [닥] 鶏　여덟 [여덜] 八つ

❷ **連音化**

【例】금요일 [그묘일] 金曜日　팔월 [파뤌] 八月　일본어 [일보너] 日本語

【例】읽어요 [일거요] 読みます　짧아요 [짤바요] 短いです

❸ **鼻音化**：語尾「－ㅂ니다/－ㅂ니까」の鼻音化

【例】갑니다 [감니다] 行きます　씁니다 [씀니다] 書きます　합니까 [함니까] します

❹ **濃音化**：終声「ㄱ,ㄷ,ㅂ」の後に来る平音「ㄱ,ㄷ,ㅂ,ㅅ,ㅈ」が濃音の「ㄲ, ㄸ, ㅃ, ㅆ, ㅉ」になる音変化

【例】학교 [학꾜] 学校　식당 [식땅] 食堂　책상 [책쌍] 机　숙제 [숙쩨] 宿題

❺ **ㅎ脱落と弱化**

【例】많이 [마니] たくさん　싫어요 [시러요] いやです　좋아요 [조아요] 良いです

【例】은행 [으냉] 銀行　전화 [저놔] 電話　결혼 [겨론] 結婚

2 表記問題

この問題では、間違えやすい母音やパッチム、連音化や鼻音化、濃音化、激音化などによる発音の変化に影響されず、単語の正しい表記を覚えているかが問われる。

【例】「ㄱ,ㅋ,ㄲ/ㄷ,ㅌ,ㄸ/ㅂ,ㅍ,ㅃ/ㅈ,ㅊ,ㅉ」、「ㄴ,ㅁ,ㅇ」、「ㅓ,ㅗ/ㅜ,ㅡ/ㅔ,ㅖ,ㅐ」などの間違いやすい発音と表記の区別

2 問題類型

問題類型 1　発音問題

・ 発音の変化を問う問題は3問（配点1点）出題される。

・ 問題では、

❶ パッチムの代表音、❷ 連音化、❸ 語尾「-ㅂ니다/-ㅂ니까」の鼻音化、

❹ パッチム「ㄱ,ㄷ,ㅂ」の後に来る平音「ㄱ,ㄷ,ㅂ,ㅅ,ㅈ」の濃音化、

❺ ㅎ(ヒウッ)脱落と弱化

のような発音変化を理解しているかを問う問題が出題される。一つではなく複数の発音変化が組み合わせになっている問題が出題されることが多い。

・ 問題の単語と発音規則は、すべて5級の出題範囲内のものに限定されているので、毎回似たような問題が出題される。「合格資料」で紹介した発音規則をしっかり覚えておくようにしよう。

例題　発音どおり表記したものを①～④の中から１つ選びなさい。

〈１点 × ３問〉

1）삼월입니다

① [사뭘립니다]　② [사뭐링니다]

③ [사뭐림니다]　④ [사뭐린니다]

2）식사

① [식싸]　② [식짜]　③ [식차]　④ [식자]

3）많이

① [만히]　② [마니]　③ [마이]　④ [마히]

正解　1）③　2）①　3）②

解説　1）삼월입니다 [사뭐림니다] 3月です：連音化+「-ㅂ니다」の鼻音化で、「삼+월+입+니다→ 사+뭐+립+니다→ 사+뭐+림+니다」と音変化。

2）식사 [식싸] 食事：パッチム「ㄱ」の後に来る平音「ㅅ」の濃音化で、「식+사→ 식+싸」と音変化。

3）많이 [마니] たくさん：二文字パッチムは連音の際、右側のパッチムが連音するが、ㄶは右側のパッチムがㅎなので脱落し、左側のパッチムが連音する。「많+이→ 만+이→ 마+니」と音変化。

問題類型2　表記問題

・正しく表記している単語を選ぶ表記問題は4問（配点1点）出題される。

・問題では、間違えやすい母音やパッチム、または連音化や鼻音化、濃音化などによる発音の変化に影響されず、正しい単語の表記を覚えているかが問われる。普段から単語を覚えるときは正しい表記に注意して覚えることが求められる。

❶ 母音「ㅓ,ㅗ」、「ㅜ,ㅡ」、「ㅔ,ㅖ,ㅐ」の発音と表記は区別できているか
【例】料理：요리（여리/유리/뇨리）、昨日：어제（오제/어재/오재）

❷ パッチムの「ㄴ,ㅁ,ㅇ」の発音と表記は区別できているか
【例】弟：동생（돈생/돔셍/돈센）、来年：내년（내녕/내놈/네논）

❸ 連音化、鼻音化に影響されないで正しい表記を覚えているか
【例】8月：팔월（파뤌/팔열/팔울）、韓国語：한국어（항국어/한구거/항국거）

❹ 平音「ㄱ,ㄷ,ㅂ,ㅅ,ㅈ」、激音「ㅋ,ㅌ,ㅍ,ㅊ」、濃音「ㄲ,ㄸ,ㅃ,ㅆ,ㅉ」の発音と表記は区別できているか
【例】短い：짧다（짤다/짭다/쵊다）、花：꽃（곧/꼳/콧/꼿）

例題　次の日本語に当たる単語を正しく表記したものを①～④の中から１つ選びなさい。　〈1点×4問〉

1）短い
① 짭다　② 쵊다　③ 짧다　④ 짤다

2）勉強
① 곤부　② 공부　③ 곰부　④ 경부

3）切手
① 우펴　② 으표　③ 으펴　④ 우표

4）起きます
① 일어납니다　② 이로납니다　③ 이런합니다　④ 이러납니다

正解　1）③　2）②　3）④　4）①

解説　1）짧다 [짤따]：「ㅈ,ㅊ,ㅉ」とパッチム「ㄼ」の発音と表記の違いに注意。
2）공부 [공부]：「곤,곰,공」のようにパッチム「ㄴ,ㅁ,ㅇ」の違いに注意。
3）우표 [우표]：母音「우,으」、「요,여」の混同しやすい発音と表記に注意。
4）일어납니다 [이러남니다]：連音と母音「어,오」を間違わないように注意。

5級出題範囲の発音規則

※5級で出題される発音問題は、以下の合格資料1～5の発音規則の中から出題される。
問題として取り上げられる語句もすべて5級出題範囲の語彙から出題される。

➡ 5級出題範囲の語彙リストは39～45ページを参照

合格資料－1　パッチムの発音

パッチム(終声)は「ㄱ,ㄴ,ㄷ,ㄹ,ㅁ,ㅂ,ㅇ」の7つの音のいずれか(代表音)で発音される。

1 一文字パッチム

複数以上のパッチムが代表音として発音される「ㄱ,ㄷ,ㅂ」系のパッチムは、特に注意して覚えるようにしよう。

① パッチム「ㅋ, ㄲ」は代表音[ㄱ]で発音される。

약 [약] 薬　국 [국] スープ　밖 [박] 外

② パッチム「ㄴ」は[ㄴ]で発音される。

손 [손] 手　돈 [돈] お金　한국 [한국] 韓国

③ パッチム「ㄷ, ㅌ, ㅅ, ㅆ, ㅈ, ㅊ」は代表音[ㄷ]で発音される。

곧 [곧] すぐ　끝 [끋] 終わり　있다 [읻따] ある
옷 [옫] 服　셋 [섿] 三つ　다섯 [다섣] 五つ
낮 [낟] 昼　넷 [넫] 四つ　여섯 [여섣] 六つ
꽃 [꼳] 花　이것 [이걷] これ　저것 [저걷] あれ　숫자 [숟짜] 数字

④ パッチム「ㄹ」は[ㄹ]で発音される。

딸 [딸] 娘　물 [물] 水　가을 [가을] 秋
길 [길] 道　둘 [둘] 二つ　겨울 [겨울] 冬
일 [일] 仕事　팔 [팔] 腕　불 [불] 火　아들 [아들] 息子
술 [술] 酒　말 [말] 言葉　주말 [주말] 週末　얼굴 [얼굴] 顔

⑤ パッチム「ㅁ」は[ㅁ]で発音される。

몸 [몸] 体　봄 [봄] 春　가슴 [가슴] 胸
밤 [밤] 夜　구름 [구름] 雲　소금 [소금] 塩

⑥ パッチム「ㅂ, ㅍ」は代表音[ㅂ]で発音される。

밥 [밥] ご飯　입 [입] 口　앞 [압] 前　옆 [엽] 横、そば、隣

⑦ パッチム「ㅇ」は[ㅇ]で発音される。

방 [방] 部屋　　형 [형] 兄　　영어 [영어] 英語

병 [병] 病気　　양말 [양말] 靴下　　동생 [동생] 弟、妹

2 二文字パッチム

二文字パッチムは、左右どちらか一方だけを発音する。5級出題範囲の二文字パッチムがある単語は、次の十数語しかないのですべて覚えておくようにしよう。

① パッチム「ㄺ」は[ㄱ]で発音する。

닭 [닥] 鶏　　읽다 [익따] 読む

② パッチム「ㄵ」は[ㄴ]で発音する。

앉다 [안따] 座る

③ パッチム「ㅄ」は[ㅂ]で発音する。

없다 [업따] ない　　값 [갑] 値段　　맛없다 [마덥따] まずい

재미없다 [재미업따] つまらない

④ パッチム「ㄼ」は[ㄹ]で発音する。

짧다 [짤따] 短い　　여덟 [여덜] 八つ

⑤ パッチム「ㄶ」は[ㄴ]で発音する。

괜찮다 [괜찬타] 大丈夫だ　　많다 [만타] 多い　　많이 [마니] たくさん

⑥ パッチム「ㅀ」は[ㄹ]で発音する。

싫다 [실타] いやだ　　싫어하다 [시러하다] 嫌う、いやがる

合格資料－2 連音化

1 一文字パッチムの連音化

前の音節の終声の後に母音で始まる音節が続くと、前の音節の終声が次の音節の初声として発音される。

가족이 [가조기] 家族が　　우산을 [우사늘] 傘を　　십일일 [시비릴] 11日

이것이 [이거시] これが　　낮에 [나제] 昼に　　삼월 [사뭘] 3月

밥을 [바블] ご飯を　　꽃이 [꼬치] 花が　　옆에 [여페] 隣に

속옷을 [소고슬] 下着を　　냉면이 [냉며니] 冷麵が　　일월에 [이뤄레] 1月に

注意 終声「ㅇ」は連音しない。

영어 [영어] 英語　　고양이 [고양이] 猫　　종이 [종이] 紙

병원에 [병워네] 病院へ　　설탕을 [설탕을] 砂糖を　　빵이 [빵이] パンが

2 二文字パッチムの連音化

二文字パッチムの後に母音で始まる音節が続くと、左側の子音は残り、右側の子音だけが次の音節の初声として連音される。

닭이 [달기] 鶏が　　읽어요 [일거요] 読みます　　짧아요 [짤바요] 短いです

앉아서 [안자서] 座って　　값은 [갑쓴] 値段は　　없어요 [업써요] ありません

注意「ㄲ・ㅆ」は二文字のように見えるが、合成子音字の一文字なのでそのまま連音される。

밖에 [바께] 外に　　있어요 [이써요] あります

合格資料－3　ㅎ（ヒウッ）脱落と弱化

終声「ㅎ」は母音音節の前で脱落、または弱くなって連音化したりする。

① 終声「ㅎ」は母音音節の前で脱落する。

좋아요 [조아요] いいです　　놓아요 [노아요] 置きます　　넣어요 [너어요] 入れます

좋아해요 [조아해요] 好きです、喜びます

② 二文字パッチム「ㄶ，ㅀ」は右側の「ㅎ」が母音音節の前で脱落し、残りの左側の子音「ㄴ，ㄹ」が次の音節の初声として連音される。

많이 [마니] たくさん　　많아요 [마나요] 多いです　　싫어요 [시러요] いやです

괜찮아요 [괜차나요] 大丈夫です　　싫어해요 [시러해요] いやがっています

③ 終声「ㄴ，ㄹ，ㅁ」の後に「ㅎ」が続くと「ㅎ」が弱くなり、連音される。

올해 [오래] 今年　　결혼 [겨론] 結婚　　말하다 [마라다] 話す

은행 [으냉] 銀行　　전화 [저놔] 電話　　일하다 [이라다] 働く

잘하다 [자라다] 上手だ　　천천히 [천처니] ゆっくり　　미안하다 [미아나다] すまない

合格資料－4　鼻音化

5級では、丁寧形語尾「－ㅂ니다[ㅁ니다]/－습니다[슴니다]」、「－입니다[임니다]」の鼻音化だけが出題される。

① －ㅂ니다[ㅁ니다]/－습니다[슴니다]
잡니다 [잠니다] 寝ます　　옵니다 [옴니다] 来ます　　읽습니다 [익씀니다] 読みます
갑니까 [감니까] 行きますか　　봅니까 [봄니까] 見ますか　　먹습니까 [먹씀니까] 食べますか

② －입니다[임니다]/－입니까[임니까]
문입니다 [무님니다] ドアです　　일요일입니다 [이료이림니다] 日曜日です
무엇입니까 [무어심니까] 何ですか　　생일입니까 [생이림니까] 誕生日ですか

合格資料－5　濃音化

濃音で発音されるものは「ㄲ,ㄸ,ㅃ,ㅆ,ㅉ」の5つである。この5つの濃音に発音が変化するのは終声「ㄱ,ㄷ,ㅂ」の後に平音「ㄱ,ㄷ,ㅂ,ㅅ,ㅈ」が続く場合に起こる。

① ㄱ ＋ ㄱ ➡ ㄱ ＋ ㄲ
학교 [학꾜] 学校　　축구 [축꾸] サッカー

② ㄱ ＋ ㄷ ➡ ㄱ ＋ ㄸ
식당 [식땅] 食堂　　적다 [적따] 少ない　　먹다 [먹따] 食べる

③ ㄱ ＋ ㅂ ➡ ㄱ ＋ ㅃ
국밥 [국빱] クッパ　　저녁 밥 [저녁빱] 夕飯

④ ㄱ ＋ ㅅ ➡ ㄱ ＋ ㅆ
학생 [학쌩] 学生　　책상 [책쌍] 机　　식사 [식싸] 食事

⑤ ㄱ ＋ ㅈ ➡ ㄱ ＋ ㅉ
숙제 [숙쩨] 宿題　　먹지 않아요 [먹찌아나요] 食べません

⑥ ㄷ(ㅌ,ㅅ,ㅈ,ㅊ)＋ㄱ ➡ ㄷ ＋ ㄲ
잊고 [읻꼬] 忘れて　　다섯 개 [다섣깨] 5個　　여섯 권 [여섣꿘] 6冊

⑦ ㄷ(ㅌ,ㅅ,ㅈ,ㅊ)＋ㄷ ➡ ㄷ ＋ ㄸ
웃다 [욷따] 笑う　　찾다 [찯따] 探す　　다섯 달 [다섣딸] 5か月

⑧ ㄷ(ㅌ, ㅅ, ㅈ, ㅊ)＋ㅂ ➡ ㄷ＋ㅃ

어젯밤 [어젣빰] 昨夜　　다섯 번 [다섣뻔] 5回

⑨ ㄷ(ㅅ, ㅈ, ㅊ)＋ㅅ ➡ ㄷ＋ㅆ

다섯 시 [다섣씨] 5時　　여섯 시 [여섣씨] 6時　　찾습니다 [찯씁니다] 探します

⑩ ㄷ(ㅌ, ㅅ, ㅈ, ㅊ)＋ㅈ ➡ ㄷ＋ㅉ

숫자 [숟짜] 数字　　늦지요 [늗찌요] 遅いです　　닫지 않아요 [닫찌아나요] 閉めません

⑪ ㅂ, ㅍ＋ㄱ ➡ ㅂ＋ㄲ

앞길 [압낄] 前の道　　일곱 개 [일곱깨] 7個　　아홉 권 [아홉꿘] 9冊

⑫ ㅂ, ㅍ＋ㄷ ➡ ㅂ＋ㄸ

덥다 [덥따] 暑い　　춥다 [춥따] 寒い　　앞뒤 [압뛰] 前後

⑬ ㅂ, ㅍ＋ㅂ ➡ ㅂ＋ㅃ

이십 분 [이십뿐] 20分　　집 밖 [집빡] 家の外　　옆방 [엽빵] 隣の部屋

일곱 번 [일곱뻔] 7回　　아홉번째 [아홉뻔째] 9番目

⑭ ㅂ, ㅍ＋ㅅ ➡ ㅂ＋ㅆ

일곱 시 [일곱 씨] 7時　　아홉 살 [아홉쌀] 9歳　　옆 사람 [엽싸람] 隣の人

값이 [갑시→ 갑씨] 値段が　　없어요 [업서요→ 업써요] ありません

⑮ ㅂ, ㅍ＋ㅈ ➡ ㅂ＋ㅉ

옆집 [엽찝] 隣の家　　일곱 장 [일곱짱] 7枚

1 発音問題

※ 発音どおり表記したものを①～④の中から１つ選びなさい。

1) —식당

☐ ① [식당] ② [신탕] ③ [식탕] ④ [식땅]

2) —입습니다

☐ ① [임씀니다] ② [입씀니다] ③ [입슴니다] ④ [이씀니다]

3) —넣어요

☐ ① [너서요] ② [너허요] ③ [너어요] ④ [너더요]

4) —겨울입니다

☐ ① [겨우림니다] ② [겨울림니다] ③ [겨우린니다] ④ [겨울린니다]

5) —같다

☐ ① [간다] ② [갑다] ③ [갇따] ④ [갇타]

6) —월요일

☐ ① [월료일] ② [워뇨일] ③ [월뇨일] ④ [워료일]

7) —짧아요

☐ ① [짭빠요] ② [짤바요] ③ [짜바요] ④ [짜라요]

8) —많이

☐ ① [마니] ② [마히] ③ [만니] ④ [만히]

➡ 問題類型の解説は15ページ、5級出題範囲の発音規則は17～21ページの合格資料を参照

9) ― 읽습니다

☐ ① [익씁니다] ② [일습니다] ③ [익씀니다] ④ [일씀니다]

10) ― 만듭니다

☐ ① [망듬니다] ② [맘듬미다] ③ [만듬미다] ④ [만듬니다]

11) ― 괜찮아요

☐ ① [괜차하요] ② [괜차나요] ③ [괜찬나요] ④ [괜찬하요]

12) ― 십일월

☐ ① [시피뤌] ② [시삐뤌] ③ [시비뤌] ④ [시미뤌]

13) ― 학교

☐ ① [하쿄] ② [항교] ③ [학쿄] ④ [학꾜]

14) ― 맛있어요

☐ ① [마시써요] ② [마시서요] ③ [마신서요] ④ [마딘서요]

15) ― 금요일입니다

☐ ① [그묘이린니다] ② [그묘이림미다] ③ [그묘이림니다] ④ [그묘이링니다]

16) ― 값이

☐ ① [갑시] ② [갑씨] ③ [가씨] ④ [가비]

17) ― 엷입니다

☐ ① [여빔니다] ② [여핀니다] ③ [여삠니다] ④ [여핌니다]

➡ 【正答】は30ページ、【解説】は184、185ページへ

1 発音問題

18)—학생입니다

☐ ① [학생임니다] ② [학생인니다] ③ [학쌩임니다] ④ [학쌩임미다]

19)—무엇입니까

☐ ① [무어심니까] ② [무어심미까] ③ [무어신니까] ④ [무어십니까]

20)—싫어요

☐ ① [실러요] ② [실허요] ③ [시러요] ④ [시허요]

21)—숙제

☐ ① [숙체] ② [숙쩨] ③ [순체] ④ [순쩨]

22)—잊었어요

☐ ① [이처서요] ② [이더써요] ③ [이저서요] ④ [이저써요]

23)—놓아요

☐ ① [노하요] ② [노사요] ③ [노아요] ④ [노다요]

24)—없지요

☐ ① [업치요] ② [업찌요] ③ [엄지요] ④ [언찌요]

25)—축구

☐ ① [추쿠] ② [춘꾸] ③ [축쿠] ④ [축꾸]

26)—칠월입니다

☐ ① [치뤄림니다] ② [치워린니다] ③ [치뤄린니다] ④ [치워림니다]

➡ 【正答】は30ページ、【解説】は185ページへ

27)—놓습니다

□ ① [놉습니다] ② [노씁니다] ③ [놉씁니다] ④ [놉씁미다]

28)—많아요

□ ① [마하요] ② [마나요] ③ [만하요] ④ [만나요]

29)—책상이

□ ① [채쌍이] ② [책사이] ③ [책쌍이] ④ [책싸이]

30)—덥다

□ ① [돕따] ② [덥타] ③ [덤따] ④ [덥따]

31)—없습니다

□ ① [업습니다] ② [업씁니다] ③ [얻습니다] ④ [얻씁니다]

32)—앉아요

□ ① [아나요] ② [안차요] ③ [안자요] ④ [안짜요]

33)—춥습니까

□ ① [춥씁니까] ② [춥씁미까] ③ [춤습니까] ④ [춤씁니까]

34)—앞입니다

□ ① [아핌미다] ② [아핌니다] ③ [압핌니다] ④ [아빔니다]

35)—좋아요

□ ① [조다요] ② [조하요] ③ [조아요] ④ [조타요]

➡ 【解説】は185ページへ

2 表記問題

※ 次の日本語に当たる単語を正しく表記したものを①〜④の中から1つ選びなさい。

1）—眼鏡

☐　① 앙견　② 앙경　③ 안견　④ 안경

2）—花

☐　① 곶　② 꽂　③ 콧　④ 꼿

3）—顔

☐　① 얼골　② 울골　③ 얼굴　④ 올굴

4）—早く

☐　① 빨리　② 팔리　③ 발리　④ 파리

5）—趣味

☐　① 쉬미　② 쥐미　③ 취미　④ 치미

6）—腰

☐　① 호리　② 허리　③ 홀이　④ 헐이

7）—泣く

☐　① 알다　② 올다　③ 얼다　④ 울다

8）—誕生日

☐　① 생일　② 샌일　③ 셍일　④ 센일

➡ 問題類型の解説は16ページ、5級出題の語彙は39〜45ページの合格資料を参照

9) —ねこ

☐ ① 고얀기 ② 고야기 ③ 고양이 ④ 고양기

10) —単語

☐ ① 당어 ② 단어 ③ 단노 ④ 단거

11) —唐辛子

☐ ① 거쭈 ② 고쭈 ③ 거추 ④ 고추

12) —初めて

☐ ① 초음 ② 처음 ③ 초움 ④ 처움

13) —履き物

☐ ① 싱팔 ② 신팔 ③ 심발 ④ 신발

14) —家族

☐ ① 가족 ② 가적 ③ 가죽 ④ 카적

15) —時計

☐ ① 시개 ② 시게 ③ 시계 ④ 시걔

16) —空腹だ

☐ ① 거프다 ② 고프다 ③ 고푸다 ④ 곺우다

17) —試験

☐ ① 시옴 ② 시홈 ③ 시엄 ④ 시험

➡ 【正答】は30ページ、【解説】は186ページへ

2 表記問題

18)—だめです

☐ ① 안됍니다 ② 안답니다 ③ 안됩니다 ④ 안펩니다

19)—売る

☐ ① 팔다 ② 발다 ③ 빨다 ④ 풀다

20)—易しい

☐ ① 싣다 ② 십다 ③ 쉿다 ④ 쉽다

21)—トイレ

☐ ① 하잔실 ② 화잔실 ③ 화장실 ④ 하장실

22)—鉛筆

☐ ① 연빌 ② 연필 ③ 염빌 ④ 염필

23)—病気

☐ ① 평 ② 퐁 ③ 봉 ④ 병

24)—すべて

☐ ① 모두 ② 모드 ③ 머드 ④ 머두

25)—ところで

☐ ① 그론대 ② 그런대 ③ 그런데 ④ 그론데

26)—脱ぐ

☐ ① 봇다 ② 본다 ③ 번다 ④ 벗다

➡ 【正答】は30ページ、【解説】は186ページへ

27)—座る

☐ ① 앓다　② 앉다　③ 않다　④ 안다

28)—入れる

☐ ① 넣다　② 놓다　③ 낳다　④ 넏다

29)—大丈夫だ

☐ ① 괜찬다　② 갠찬다　③ 괜찮다　④ 겐찮다

30)—美味しい

☐ ① 맛잇다　② 마신다　③ 마싣다　④ 맛있다

31)—悪い

☐ ① 나프다　② 나쁘다　③ 낫프다　④ 낟쁘다

32)—探す

☐ ① 잦다　② 찯다　③ 찾다　④ 잗다

33)—遅いです

☐ ① 늗어요　② 늣어요　③ 눋어요　④ 늦어요

34)—もらいます

☐ ① 밧아요　② 받아요　③ 밫아요　④ 밝아요

35)—低いです

☐ ① 낳아요　② 낟아요　③ 낮아요　④ 낫아요

➡ 【解説】は186ページへ

1 発音問題 / 2 表記問題　正答

➡ 1 発音問題は22ページ、解説は184ページへ、
2 表記問題は26ページ、解説は186ページへ

1 発音問題				2 表記問題			
問題	正答	問題	正答	問題	正答	問題	正答
1	④	19	①	1	④	19	①
2	②	20	③	2	②	20	④
3	③	21	②	3	③	21	③
4	①	22	④	4	①	22	②
5	③	23	③	5	③	23	④
6	④	24	②	6	②	24	①
7	②	25	④	7	④	25	③
8	①	26	①	8	①	26	④
9	③	27	③	9	③	27	②
10	④	28	②	10	②	28	①
11	②	29	③	11	④	29	③
12	③	30	④	12	②	30	④
13	④	31	②	13	④	31	②
14	①	32	③	14	①	32	③
15	③	33	①	15	③	33	④
16	②	34	②	16	②	34	②
17	④	35	③	17	④	35	③
18	③			18	③		

※ 全問正解になるまで繰り返し練習をしてください。

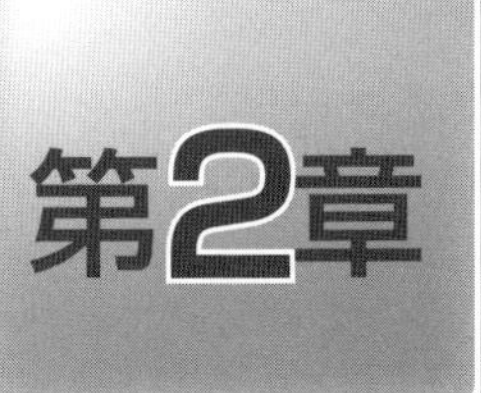

第2章

語彙問題

	問題類型	出題問題数	配点
1	単語選択問題	5	1
2	短文の空所補充問題	5	2
3	対話文の空所補充問題	4	2
4	語句の置き換え問題	2	2

語彙に関する問題

1 出題内容

語彙に関する問題は、
①日本語の単語に該当する韓国語の単語を選ぶ問題が5問（配点各1点）、②短文を提示し、文中の空所に入れるのに適切な語句を選ぶ短文の空所補充問題が5問（配点各2点）、③対話文を提示し、文中の空所に入れるのに適切な語句を選ぶ対話文の空所補充問題が4問（配点各2点）、④短文を提示し、文中の語句と置き換えが可能な表現を選ぶ置き換え問題が2問（配点各2点）出題される。語彙関係の問題はすべて5級の出題範囲の語彙から出題される。

1 単語選択問題

日本語の単語を提示し、それに該当する韓国語の単語はどれかを選ぶ問題である。問題はほぼ毎回、名詞が2問、動詞、形容詞、副詞が各1問の割合で出題される。

2 短文の空所補充問題

短文を提示し、文中の空所に入る語句を選ぶ問題である。空所に入る語句は、名詞が2問、動詞が2問、単位名詞が1問の割合で出題される。

3 対話文の空所補充問題

２行の短い対話文を提示し、文中の空所に入る語句を選ぶ問題である。空所に入る語句は、名詞が1問、用言（動詞、形容詞）が2問、副詞が1問の割合で出題される。この空所補充問題は、単語単体だけでなく、名詞と動詞が密接に結びついている連語関係のものからもよく出題される。

4 語句の置き換え問題

短文を提示し、文中の下線部の部分と置き換えが可能な語句を選ぶ問題である。文全体の意味と選択肢の語句の意味が理解できるかが問われる。

2 問題類型

問題類型1　単語選択問題

・日本語の単語を提示し、それに該当する韓国語の単語を選ぶ問題が5問（配点各1点）出題される。

・問題は、名詞が2問、動詞と形容詞、副詞が各1問の割合で構成され、すべて5級出題範囲の語彙リストの中から出題される。5級出題範囲の名詞、動詞、形容詞、副詞をきちんと覚えているかが問われる。

➡ 5級出題範囲の語彙リストは39〜45ページを参照

例題　次の日本語に当たるものを①〜④の中から１つ選びなさい。

〈1点 × 5問〉

1）心

① 머리　② 마음　③ 여름　④ 몸

2）靴下

① 구두　② 바지　③ 속옷　④ 양말

3）いちばん

① 먼저　② 아주　③ 제일　④ 정말

4）暮らす

① 살다　② 보내다　③ 세우다　④ 신다

5）易しい

① 가깝다　② 차다　③ 늦다　④ 쉽다

正解　1）②　2）④　3）③　4）①　5）④

解説　1）마음

① 頭　② 心　③ 夏　④ 体

2）양말

① 靴　② ズボン　③ 下着　④ 靴下

3）제일

① 先に、まず　② とても　③ いちばん　④ 本当に

4) 살다
① 暮らす　② 送る　③ (車を) 止める ④ 履く
5) 쉽다
① 近い　② 冷たい　③ 遅い　④ 易しい

問題類型2　短文の空所補充問題

- 短文を提示し、文中の空所に入れるのに適切な語句を選ぶ問題が5問（配点各2点）出題される。
- 空所に入れる単語は、名詞が2問、動詞が2問、単位名詞が1問の割合の構成で出題される。
- 短文の内容を把握し、空所前後の文脈に注意して空所に適した語句を選ぶ必要がある。普段から単語単体としてではなく、名詞と動詞の結び付きなどに注意して覚えておくようにしよう。

➡ 5級出題範囲の語彙リストは39～45ページの合格資料を参照

例題　(　　) の中に入れるのに最も適切なものを①～④の中から１つ選びなさい。
〈2点 × 5問〉

1) (　　)이/가 아파요.
① 아침　② 병원　③ 다리　④ 생선
2) 오늘은 (　　)을/를 사고 싶어요.
① 팔　② 시장　③ 식당　④ 고추
3) 언니는 회사에 (　　).
① 다닙니다　② 지납니다　③ 배웁니다　④ 보냅니다
4) 고양이가 한 (　　) 있습니다.
① 명　② 마리　③ 장　④ 권
5) 이 의자에 (　　).
① 벗으세요　② 웃으세요　③ 입으세요　④ 앉으세요

正解 1) ③　2) ④　3) ①　4) ②　5) ④

解説 1)（　　）が痛いです。

① 朝　② 病院　③ 足　④ 魚

2) 今日は（　　）を買いたいです。

① 腕　② 市場　③ 食堂　④ 唐辛子

3) 姉は会社に（　　）。

① 勤めています　② 過ぎます　③ 学びます　④ 送ります

✎ 다니다：通う、通学する、通勤する、勤める

・학교에 다니다：学校に通う。회사에 다니다：会社に勤める。

4) 猫が1（　　）います。

① 名（人）　② 匹　③ 枚　④ 冊

✎ このように単位名詞を取り上げる問題がほぼ毎回1問程度出題される。

➡ 5級出題範囲の単位名詞は42ページの合格資料を参照。

・명（名、人）	：한 명 / 두 명 / 세 명	：1名・人、2名・人、3名・人
・마리（匹）	：한 마리 / 두 마리 / 세 마리	：1匹、2匹、3匹
・장（枚）	：한 장 / 두 장 / 여덟 장 / 아홉 장	：1枚、2枚、8枚、9枚
・권（冊）	：한 권 / 두 권 / 여섯 권 / 일곱 권	：1冊、2冊、6冊、7冊
・살（歳）	：한 살 / 세 살 / 다섯 살 / 열 살	：1歳、3歳、5歳、10歳

5) このいすに（　　）。

① 脱いでください　② 笑ってください

③ 着てください　④ 座ってください

問題類型3　対話文の空所補充問題

・２行程度の短い対話文を提示し、文中の空所に入れるのに適切な語句を選ぶ問題が４問（配点各2点）出題される。

・空所に入れる語句は、名詞が1問、動詞と形容詞各1問、副詞が1問の割合の構成で出題されることが多いが、たまに疑問詞の問題が出題されることもある。

✎ 疑問詞：왜（なぜ）、얼마（いくら）、언제（いつ）、어디（どこ）、어느（どの）、무엇（何）、무슨（何の）など

・この問題は、対話の内容と文脈を理解し、空所に適した選択肢を選べる語彙力を持っているかが問われる問題である。空所前後の内容に注意しながら、選択肢を空所に入れて文脈として適しているかを確認する。空所に入る単語は、名詞と動詞が密接に結びついている連語関係のものからもよく出題されるので、５級出題範囲の連語もきちんと覚えておく必要がある。

➡ ５級出題範囲の語彙リストは39～45ページを参照

例題　(　　)の中に入れるのに最も適切なものを①～④の中から１つ選びなさい。〈2点 × 4問〉

1) A：가방이요? 오늘 가게에는 갔지만 안 샀어요.
B：왜요? (　　)이 비쌌어요?
① 옷　② 돈　③ 값　④ 문

2) A：거기 날씨는 어때요?
B：아침부터 아주 (　　).
① 높습니다　② 덥습니다　③ 작습니다　④ 짧습니다

3) A：은행에서 뭐 했어요?
B：돈을 (　　).
① 찍었어요　② 신었어요　③ 나왔어요　④ 찾았어요

4) A：나는 고기보다 생선을 (　　) 좋아해요.
B：나도 그래요.
① 더　② 다　③ 또　④ 곧

正解 1) ③　2) ②　3) ④　4) ①

解説 1) A：カバンですか。今日店には行きましたが、買いませんでした。
B：どうしてですか。(　)が高かったのですか。
① 服　② お金　③ 値段　④ ドア

2) A：そちらの天気はどうですか。
B：朝からとても(　)。
① 高いです　② 暑いです　③ 小さいです　④ 短いです

3) A：銀行で何をしましたか。
B：お金を(　)。
① 撮りました　② 履きました　③ 出ました　④ おろしました
✎ 돈을 찾다：お金をおろす
찾다：①探す　②見つける、見つかる　③取り戻す、(お金を) おろす　④訪ねる　⑤求める

4) A：私は肉より魚が(　)好きです。
B：私もです。
① もっと、さらに　② すべて、全部　③ また　④ すぐ、まもなく

問題類型4　語句の置き換え問題

- 短文を提示し、文中の下線部の語句と同じ意味で置き換えが可能な表現を選ぶ問題が2問（配点各2点）出題される。
- 問題は、名詞や用言を用いた語句、副詞などから幅広く出題される。５級出題範囲の語彙をきちんと理解しているかが問われる。
- 文の意味を確認したうえで、下線部の語句と選択肢の語句を照合して、選択肢のものと置き換えても内容的に同じになるかを判断する。

例題 1　文の意味を変えずに下線部の言葉と置き換えが可能なものを①～④の中から１つ選びなさい。　〈2点×２問〉

1）밥 먹었어요?

① 술 마셨어요　② 다 만들었어요　③ 요리했어요　④ 식사했어요

2）여기까지 무엇을 타고 오셨어요?

① 왜　② 어떻게　③ 다시　④ 무슨 일로

正解　1）④　2）②

解説　1）ご飯は食べましたか。

① お酒を飲みましたか ② 全部作りましたか ③ 料理をしましたか ④ 食事しましたか

2）ここまで何に乗って来られましたか。

① なぜ　② どのように　③ 再び　④ どんなご用で

例題 2　文の意味を変えずに下線部の言葉と置き換えが可能なものを①～④の中から１つ選びなさい。　〈2点×２問〉

1）공항은 여기서 멀지 않습니다.

① 가깝습니다　② 작습니다　③ 높습니다　④ 짧습니다

2）우리 가족은 다 고기보다 생선을 좋아해요.

① 곧　② 더　③ 모두　④ 아주

正解　1）①　2）③

解説　1）空港はここから遠くありません。

① 近いです　② 小さいです　③ 高いです　④ 短いです

2）うちの家族はみんな肉より魚が好きです。

① まもなく　② もっと　③ みんな　④ とても

合格資料－6　置き換え問題の既出表現例

	問題の語句	置き換えの表現
1	제가 좀 늦었죠? 미안합니다.	죄송합니다.
	私が少し遅れましたよね。すみません。	申し訳ありません。
2	오전에는 시간이 없습니다.	바쁩니다.
	午前中は時間がありません。	忙しいです。
3	우리의 마음은 하나예요.	같아요.
	私たちの心（気持ち）は一つです。	同じです。
4	머리가 허리까지 와요.	길어요.
	髪が腰まで届きます。	長いです。
5	날씨가 안 좋아요.	나빠요.
	天気がよくないです。	悪いです。
6	지난주보다 값이 내렸어요.	싸요.
	先週より値段が下がりました。	安いです。
7	영어를 공부하세요?	배우세요?
	英語を勉強していますか。	学んでいますか。
8	운동은 안 좋아해요.	싫어해요.
	運動は好きではありません。	嫌いです。
9	비가 내려요.	와요.
	雨が降っています。	降っています。
10	영어로 이야기했어요.	말했어요.
	英語で話しました。	話しました。
11	어제 기분 나빴죠?	싫었죠?
	昨日不愉快でしたよね。	いやでしたよね。
12	그 가게 몇 시에 문을 닫아요?	끝나요?
	その店は何時に閉めますか。	終わりますか。
13	지난주에 몸이 안 좋았어요.	아팠어요.
	先週は体の具合がよくなかったです。	体の具合が悪かったです。
14	냉면도 아주 잘해요.	맛있어요.
	冷麺もとてもうまいです。	美味しいです。
15	여기서 차를 세울까요?	내리겠습니까?
	ここで車を止めましょうか。	降りますか。
16	주말에 한국말을 배웁니다.	토요일에
	週末に韓国語を学んでいます。	土曜日に

5級出題の語彙リスト

合格資料－7　5級出題範囲の名詞

1　人・職業など

□ 나	僕、私	□ 딸	娘	□ 고등학생	高校生
□ 저	わたくし	□ 아들	息子	□ 학생	学生、生徒
□ 아버지	父	□ 남편	夫	□ 대학생	大学生
□ 어머니	母	□ 아내	妻	□ 선생님	先生
□ 언니	姉（妹から見て）	□ 아이	子供	□ 의사	医者
□ 누나	姉（弟から見て）	□ 애	子供（아이の縮約）	□ 일본사람	日本人
□ 오빠	兄（妹から見て）	□ 가족	家族	□ 한국사람	韓国人
□ 형	兄（弟から見て）	□ 내	僕の、私の	□ 조선사람	朝鮮人
□ 동생	弟・妹	□ 내(가)	私（が）	□ 친구	友だち
□ 남동생	弟	□ 누(가)	誰（が）	□ 그분	その方
□ 여동생	妹	□ 누구	誰	□ 이분	この方
□ 아저씨	おじさん	□ 우리	私たち	□ 저분	あの方
□ 아주머니	おばさん	□ 저희	私ども	□ 손님	お客さん
□ 할머니	おばあさん	□ 남자	男	□ 사람	人
□ 할아버지	おじいさん	□ 여자	女	□ 자기	自分、君

2　身体名称など

□ 가슴	胸	□ 배	腹	□ 허리	腰
□ 귀	耳	□ 손	手	□ 눈앞	目の前
□ 눈	目	□ 손발	手足	□ 발끝	足先、つま先
□ 다리	脚、足	□ 얼굴	顔	□ 손끝	手先、指先
□ 머리	頭	□ 입	口	□ 코끝	鼻先
□ 몸	体	□ 코	鼻	□ 키	身長、背
□ 발	足	□ 팔	腕		

3　自然・動物など

□ 강	川	□ 날씨	天気	□ 바다	海
□ 강물	川の水	□ 눈	雪	□ 바닷물	海水
□ 구름	雲	□ 눈사람	雪だるま	□ 불	火、明かり
□ 꽃	花	□ 달	月	□ 비	雨
□ 나무	木	□ 물	水	□ 산	山
□ 나뭇잎	木の葉	□ 물속	水の中	□ 산속	山の中
□ 개	犬	□ 소	牛	□ 돼지	豚
□ 새	鳥	□ 닭	鶏	□ 고양이	猫

4 地域・言語など

□ 나라	国	□ 일본어	日本語	□ 한국말	韓国語
□ 우리나라	わが国	□ 조선	朝鮮	□ 한국어	韓国語
□ 영어	英語	□ 조선말	朝鮮語	□ 한글	ハングル
□ 일본	日本	□ 조선어	朝鮮語	□ 외국	外国
□ 일본말	日本語	□ 한국	韓国	□ 외국어	外国語

5 乗り物など

□ 기차	汽車・列車	□ 전철	電車	□ 택시	タクシー
□ 버스	バス	□ 지하철	地下鉄		
□ 비행기	飛行機	□ 차	車		

6 位置関係など

□ 뒤	後ろ	□ 위	上、上の方	□ 옆	横、側
□ 앞	前	□ 위아래	上下	□ 옆집	隣の家
□ 앞뒤	前後	□ 위쪽	上の方	□ 옆방	隣の部屋
□ 밑	下	□ 속	中	□ 아래층	下の階
□ 아래	下、下部	□ 안	中	□ 위층	上の階
□ 아래위	上下	□ 밖	外	□ 안쪽	内側

7 季節・時間など

□ 봄	春	□ 아침	朝、朝食	□ 지난달	先月
□ 여름	夏	□ 저녁	夕方、夕食	□ 지난주	先週
□ 가을	秋	□ 밤	夜	□ 주	週
□ 겨울	冬	□ 낮	昼	□ 주말	週末
□ 어제	昨日	□ 올해	今年	□ 지금	いま
□ 어젯밤	昨夜	□ 내년	来年	□ 처음	初めて
□ 오늘	今日	□ 작년	昨年、去年	□ 매일	毎日
□ 내일	明日	□ 다음	次、次の	□ 시간	時間
□ 모레	あさって	□ 다음달	来月、翌月	□ 이번	今回
□ 오전	午前	□ 다음주	来週、翌週		
□ 오후	午後	□ 이번주	今週		

8 飲食物・食材など

□ 김치	キムチ	□ 설탕	砂糖	□ 고기	肉、魚
□ 국	スープ、汁	□ 소금	塩	□ 술	酒
□ 밥	ご飯	□ 소금물	塩水	□ 우유	牛乳
□ 비빔밥	ビビンバ	□ 냉면	冷麺	□ 주스	ジュース
□ 사과	リンゴ	□ 국밥	クッパ	□ 차	お茶
□ 고추	唐辛子	□ 빵	パン	□ 커피	コーヒー

- □ 생선 ： 魚
- □ 불고기 ： 焼肉、プルコギ
- □ 쇠고기 ： 牛肉
- □ 과일 ： 果物
- □ 음식 ： 食べ物、料理
- □ 음식물 ： 食べ物
- □ 요리 ： 料理

9 建物・施設など

- □ 고등학교 ： 高校
- □ 고교 ： 高校
- □ 초등학교 ： 小学校
- □ 대학 ： 大学
- □ 대학교 ： 大学
- □ 학교 ： 学校
- □ 교실 ： 教室
- □ 도서관 ： 図書館
- □ 가게 ： 店
- □ 병원 ： 病院
- □ 역 ： 駅
- □ 우체국 ： 郵便局
- □ 은행 ： 銀行
- □ 호텔 ： ホテル
- □ 아파트 ： マンション
- □ 공항 ： 空港
- □ 회사 ： 会社
- □ 시장 ： 市場
- □ 식당 ： 食堂
- □ 음식점 ： 飲食店
- □ 빵집 ： パン屋
- □ 집 ： 家
- □ 방 ： 部屋
- □ 방안 ： 部屋の中
- □ 화장실 ： トイレ
- □ 길 ： 道

10 日用品など

- □ 가방 ： カバン
- □ 속옷 ： 下着
- □ 구두 ： 靴
- □ 돈 ： お金
- □ 사진 ： 写真
- □ 시계 ： 時計
- □ 시디 ： CD
- □ 신문 ： 新聞
- □ 연필 ： 鉛筆
- □ 우산 ： 傘
- □ 우표 ： 切手
- □ 전화 ： 電話
- □ 종이 ： 紙
- □ 옷 ： 服
- □ 바지 ： ズボン
- □ 안경 ： 眼鏡
- □ 선물 ： プレゼント
- □ 신발 ： 履き物、靴
- □ 볼펜 ： ボールペン
- □ 약 ： 薬
- □ 비디오 ： ビデオ
- □ 양말 ： 靴下
- □ 의자 ： いす
- □ 노트 ： ノート
- □ 교과서 ： 教科書
- □ 치마 ： スカート
- □ 컴퓨터 ： コンピューター
- □ 택시 ： タクシー
- □ 텔레비전 ： テレビ
- □ 티브이 ： テレビ
- □ 편지 ： 手紙
- □ 책 ： 本
- □ 책상 ： 机
- □ 치마 ： スカート
- □ 휴대폰 ： 携帯電話
- □ 핸드폰 ： 携帯電話
- □ 표 ： 切符、チケット
- □ 펜 ： ペン

11 生活関係・その他

- □ 감기 ： 風邪
- □ 병 ： 病気
- □ 결혼 ： 結婚
- □ 메일 ： メール
- □ 공부 ： 勉強
- □ 수업 ： 授業
- □ 문제 ： 問題
- □ 숙제 ： 宿題
- □ 음악 ： 音楽
- □ 노래 ： 歌
- □ 노랫소리 ： 歌声
- □ 이름 ： 名前
- □ 시험 ： 試験
- □ 식사 ： 食事
- □ 저녁 ： 夕食
- □ 일 ： 仕事、こと
- □ 생일 ： 誕生日
- □ 글 ： 文、文章
- □ 시작 ： 始め、始まり
- □ 끝 ： 終わり
- □ 나이 ： 年齢、歳
- □ 말 ： 話、言葉
- □ 말소리 ： 話し声
- □ 맛 ： 味
- □ 기분 ： 気分
- □ 가슴속 ： 胸の中
- □ 마음 ： 心
- □ 마음속 ： 心の中
- □ 생각 ： 考え、思想
- □ 문 ： ドア、戸、門、扉

□ 소리	声、音	□ 영화	映画	□ 부탁	依頼、お願い
□ 야구	野球	□ 값	値段	□ 사랑	愛、恋
□ 축구	サッカー	□ 뉴스	ニュース	□ 실례	失礼
□ 운동	運動	□ 단어	単語	□ 축하	祝賀、祝い
□ 스포츠	スポーツ	□ 이야기	話	□ 거	것の縮約形
□ 취미	趣味	□ 자리	席、場所	□ 것	もの、こと
□ 여행	旅行	□ 드라마	ドラマ		

12 指示語・疑問詞など

□ 여기	ここ	□ 그것 (그거)	それ、あれ	□ 얼마	いくら
□ 거기	そこ	□ 저것 (저거)	あれ	□ 누구	誰
□ 저기	あそこ	□ 어느 것	どれ	□ 누(가)	誰 (が)
□ 어디	どこ	□ 무엇 (뭐)	何		
□ 이것	これ	□ 언제	いつ		

13 月・曜日など

□ 일월	一月	□ 팔월	八月	□ 화요일	火曜日
□ 이월	二月	□ 구월	九月	□ 수요일	水曜日
□ 삼월	三月	□ 시월	十月	□ 목요일	木曜日
□ 사월	四月	□ 십일월	十一月	□ 금요일	金曜日
□ 오월	五月	□ 십이월	十二月	□ 토요일	土曜日
□ 유월	六月	□ 요일	曜日	□ 일요일	日曜日
□ 칠월	七月	□ 월요일	月曜日		

14 単位名詞・接辞など

□ 개	~個	□ 분②	~方 (人)、~名様	□ 쪽	~ (の) 方、~ (の) 側
□ 권	~冊				
□ 년	~年	□ 살	~歳	□ 층	~階
□ 달	~月、~か月	□ 시	~時	□ －번째	~番目、~度目
□ 마리	~匹、~頭、~羽、~尾	□ 씨	~さん、~氏	□ －째	~番目、~目
		□ 엔	~円	□ －쯤	~くらい、~ほど
□ 명	~人、~名	□ 원	~ウォン		
□ 번	~番、~回、~度	□ 일	~日 (にち)		
		□ 장	~枚		
□ 분①	~分 (時間)	□ 주일	~週間		

合格資料－8　5級出題範囲の数詞

□ 공	ゼロ	□ 백	百	□ 아홉	九つ
□ 일	一	□ 천	千	□ 열	十
□ 이	二	□ 만	万	□ 한	一つの
□ 삼	三	□ 하나（한）	一つ	□ 두	二つの
□ 사	四	□ 둘（두）	二つ	□ 세	三つの
□ 오	五	□ 셋（세）	三つ	□ 네	四つの
□ 육	六	□ 넷（네）	四つ	□ 스무	二十の
□ 칠	七	□ 다섯	五つ	□ 스물	二十
□ 팔	八	□ 여섯	六つ	□ 반	半分、半
□ 구	九	□ 일곱	七つ	□ 숫자	数字
□ 십	十	□ 여덟	八つ		

合格資料－9　5級出題範囲の動詞

□ 가다	行く	□ 못하다	できない	□ 알다	わかる、知る
□ 가르치다	教える	□ 받다	受ける、受け取る	□ 열다	開く、開ける
□ 가지다	持つ	□ 배우다	学ぶ	□ 오다	来る、降る
□ 걸리다	かかる	□ 벗다	脱ぐ	□ 운동하다	運動する
□ 결혼하다	結婚する	□ 보내다	送る	□ 울다	泣く
□ 계시다	いらっしゃる	□ 보다	見る	□ 웃다	笑う
□ 공부하다	勉強する	□ 사다	買う	□ 이야기하다	話す
□ 기다리다	待つ	□ 사랑하다	愛する	□ 일어나다	起きる
□ 끝나다	終わる	□ 살다	住む、暮らす	□ 일하다	働く、仕事をする
□ 나가다	出て行く	□ 생각되다	思われる	□ 읽다	読む
□ 나다	出る	□ 생각하다	考える、思う	□ 입다	着る
□ 나오다	出てくる	□ 선물하다	プレゼントする	□ 있다	いる、ある
□ 내다	出す	□ 세우다	(車を)止める	□ 잊다	忘れる
□ 내리다	降りる	□ 시작되다	始まる	□ 자다	寝る
□ 넣다	入れる	□ 시작하다	始める	□ 잘되다	よくできる、
□ 노래하다	歌う	□ 시키다	させる、注文する		うまくいく
□ 놀다	遊ぶ	□ 시켜 먹다	出前をとる	□ 잘하다	上手だ
□ 놓다	置く	□ 식사하다	食事する	□ 좋아하다	好きだ、喜ぶ
□ 다니다	通う	□ 신다	履く	□ 주다	①あげる、やる、
□ 닫다	閉める	□ 싫어하다	嫌う、いやがる		②くれる、③与える
□ 마시다	飲む	□ 쓰다①	書く	□ 지나다	過ぎる、通る
□ 만나다	会う	□ 쓰다②	かぶる、かける	□ 찍다	撮る
□ 만들다	作る	□ 쓰다③	使う	□ 찾다	探す
□ 말하다	言う、話す	□ 안되다	だめだ、	□ 타다	乗る
□ 먹다	食べる		うまくいかない	□ 팔다	売る
□ 모르다	知らない	□ 앉다	座る	□ 하다	する

合格資料－１０　５級出題範囲の形容詞

□ 가깝다	近い	□ 많다	多い	□ 안녕하다	元気だ、無事だ
□ 감사하다	①感謝する、②ありがたい	□ 맛없다	まずい	□ 어렵다	難しい
		□ 맛있다	美味しい	□ 없다	ない、いない
□ 같다	①同じだ、②～のようだ	□ 멀다	遠い	□ 작다	①小さい、②（背が）低い
		□ 미안하다	すまない		
□ 고프다	（おなかが）空く、空腹だ	□ 바쁘다	忙しい	□ 재미있다	面白い
		□ 반갑다	懐かしい、うれしい	□ 재미없다	つまらない
□ 고맙다	ありがたい			□ 좋다	良い、好きだ
□ 괜찮다	構わない、大丈夫だ	□ 비싸다	（値段が）高い	□ 죄송하다	申し訳ない
		□ 쉽다	容易だ、易しい	□ 짧다	①短い、②足りない
□ 길다	長い	□ 싫다	いやだ、嫌いだ		
□ 나쁘다	悪い	□ 싸다	安い	□ 차다	冷たい
□ 낮다	低い	□ 아니다	①違う、②（～では）ない	□ 춥다	寒い
□ 늦다	遅い			□ 크다	①大きい、②（背が）高い
□ 높다	高い	□ 아프다	痛い、（体の）具合が悪い		
□ 덥다	暑い				

合格資料－１１　５級出題範囲の副詞

□ 같이	一緒に、同様に	□ 또	また、再び	□ 언제나	いつも
□ 곧	すぐ、まもなく	□ 많이	多く、たくさん	□ 왜	なぜ、どうして
□ 그리고	そして	□ 먼저	先に、まず	□ 잘	よく、上手に
□ 그러면	それでは、それなら	□ 모두	すべて、全部、みな	□ 정말	本当、本当に
□ 그럼	それでは、それなら			□ 제일	いちばん、最も
□ 그런데	ところで、ところが	□ 빨리	早く、急いで	□ 좀	少し、ちょっと
□ 너무	あまりにも、とても	□ 아주	とても、非常に	□ 천천히	ゆっくり（と）
□ 다	全て、全部、皆	□ 안	<否定>～（し）ない	□ 하지만	しかし、けれども
□ 다시	再び				
□ 더	もっと、さらに	□ 어떻게	どのように		

合格資料－１２　５級出題範囲の連体詞など

□ 내	僕の、私の	□ 이	この	□ 한	一つの
□ 몇	幾つの、何～、幾つかの	□ 그	その、あの	□ 두	二つの
		□ 저	あの	□ 세	三つの
□ 무슨	何の、何か（の）	□ 제	わたくしの	□ 네	四つの
□ 어떤	どんな	□ 어느	どの、ある	□ 스무	二十の

合格資料－１３ ５級出題範囲の連語

ㄱ

□ 가을이 오다	秋が訪れる
□ 감기에 걸리다	風邪をひく
□ 값이 내리다	値段が下がる
□ 값이 비싸다	値段が高い
□ 구두를 신다	靴を履く
□ 글을 쓰다	文章を書く
□ 기분이 나쁘다	不愉快だ

ㄴ

□ 날씨가 나쁘다	天気が悪い
□ 날씨가 좋다	天気が良い
□ 눈물이 나다	涙が出る
□ 눈이 내리다	雪が降る
□ 눈이 오다	雪が降る

ㄷ

□ 돈을 쓰다	お金を使う
□ 돈을 찾다	お金をおろす

ㅁ

□ 마음이 아프다	胸が痛い
□ 마음이 좋다	人がいい
□ 말을 안 듣다	言うことを聞かない
□ 맛을 보다	味見をする
□ 문을 닫다	① 戸を閉める、② 営業を終える
□ 문을 열다	① 戸を開ける、② 営業を始める

ㅂ

□ 바지를 벗다	ズボンを脱ぐ
□ 바지를 입다	ズボンを履く
□ 배가 고프다	おなかが空く
□ 버스를 타다	バスに乗る
□ 병에 걸리다	病気になる
□ 병이 나다	病気になる
□ 불이 나다	火事になる
□ 비가 내리다	雨が降る
□ 비가 오다	雨が降る

ㅅ

□ 사진을 찍다	写真を撮る
□ 소리가 나다	音がする
□ 소리를 내다	音を出す
□ 시간이 지나다	時間が過ぎる
□ 시험을 보다	試験を受ける
□ 신발을 신다	履き物を履く

ㅇ

□ 안경을 벗다	眼鏡をはずす
□ 안경을 쓰다	眼鏡をかける
□ 약을 먹다	薬を飲む
□ 양말을 벗다	靴下を脱ぐ
□ 양말을 신다	靴下を履く
□ 여행을 가다	旅行に行く
□ 연필로 쓰다	鉛筆で書く
□ 우산을 쓰다	傘をさす
□ 음식을 만들다	料理を作る
□ 음식을 하다	料理をする
□ 이름을 쓰다	名前を書く
□ 이름이 나다	有名になる

ㅈ

□ 잘 있다	元気だ
□ 전화가 오다	電話がかかってくる
□ 지하철을 타다	地下鉄に乗る
□ 집을 찾다	家を探す

ㅊ

□ 차를 세우다	車を止める
□ 차를 타다	車に乗る

ㅋ

□ 키가 작다	背が低い
□ 키가 크다	背が高い

ㅎ

□ 학교에 다니다	学校に通う
□ 한잔 마시다	一杯飲む（酒、お茶）
□ 힘이 나다	元気が出る
□ 힘이 들다	大変だ、難しい

1 単語選択問題

※ 次の日本語に当たるものを①～④の中から１つ選びなさい。

1) ―名前

□ ① 여름　② 이분　③ 이번　④ 이름

2) ―5歳

□ ① 오 원　② 다섯 살　③ 오 년　④ 다섯 시

3) ―そこ

□ ① 저기　② 그것　③ 거기　④ 고기

4) ―息子

□ ① 아내　② 아들　③ 아이　④ 딸

5) ―音楽

□ ① 음악　② 외국　③ 은행　④ 음식

6) ―心

□ ① 몸　② 지금　③ 말　④ 마음

7) ―海

□ ① 봄　② 바지　③ 바다　④ 부탁

8) ―手紙

□ ① 우표　② 편지　③ 글　④ 문제

➡ 問題類型の解説は33ページ、5級出題範囲の語彙は39～45ページの合格資料を参照

9) —果物

☐ ① 겨울 ② 가을 ③ 구름 ④ 과일

10)—おじさん

☐ ① 이야기 ② 할아버지 ③ 아저씨 ④ 아주머니

11)—いす

☐ ① 의자 ② 우산 ③ 의사 ④ 오전

12)—絵

☐ ① 구름 ② 나라 ③ 그림 ④ 기분

13)—どこ

☐ ① 어느 ② 어떤 ③ 어제 ④ 어디

14)—すぐ

☐ ① 더 ② 곧 ③ 다시 ④ 그럼

15)—あさって

☐ ① 모레 ② 내일 ③ 다음 ④ 어제

16)—胸

☐ ① 마음 ② 가을 ③ 가슴 ④ 허리

17)—鳥

☐ ① 닭 ② 소 ③ 개 ④ 새

➡ 【正答】は60ページ、【解説】は187ページへ

1 単語選択問題

18)—7個

☐ ① 다섯 개 ② 일곱 개 ③ 아홉 개 ④ 여덟 개

19)—泣く

☐ ① 울다 ② 알다 ③ 웃다 ④ 열다

20)—遊ぶ

☐ ① 넣다 ② 놓다 ③ 놀다 ④ 높다

21)—小さい

☐ ① 춥다 ② 작다 ③ 낮다 ④ 늦다

22)—待つ

☐ ①가르치다 ② 지나다 ③ 끝나다 ④ 기다리다

23)—(値段が) 高い

☐ ① 짧다 ② 바쁘다 ③ 비싸다 ④ 보내다

24)—遠い

☐ ① 길다 ② 멀다 ③ 같다 ④ 가깝다

25)—うまくいく

☐ ① 괜찮다 ② 쉽다 ③ 재미있다 ④ 잘되다

26)—脱ぐ

☐ ① 열다 ② 벗다 ③ 입다 ④ 받다

➡ 【正答】は60ページ、【解説】は188ページへ

27)—嫌いだ

☐ ① 싫다 ② 덥다 ③ 차다 ④ 맛없다

28)—知らない

☐ ① 어렵다 ② 아프다 ③ 모르다 ④ 나쁘다

29)—低い

☐ ① 작다 ② 높다 ③ 춥다 ④ 낮다

30)—冷たい

☐ ① 자다 ② 차다 ③ 찾다 ④ 주다

31)—閉める

☐ ① 걸리다 ② 받다 ③ 닫다 ④ 팔다

32)—遅い

☐ ① 늦다 ② 높다 ③ 같다 ④ 덥다

33)—それでは

☐ ① 그런데 ② 그러면 ③ 그리고 ④ 하지만

34)—いつ

☐ ① 어디 ② 어떤 ③ 어떻게 ④ 언제

35)—いつも

☐ ① 먼저 ② 언제나 ③ 천천히 ④ 빨리

➡ 【解説】は188ページへ

2 短文の空所補充問題

※（　　）の中に入れるのに最も適切なものを①~④の中から1つ選びなさい。

1）—（　　）에서 시험 공부를 했어요.

☐　① 시계　② 도서관　③ 단어　④ 은행

2）—공항에서（　　）을 찍었어요.

☐　① 지하철　② 외국　③ 사진　④ 여행

3）—누나는（　　）를/을 써요.

☐　① 우표　② 신발　③ 책상　④ 안경

4）—커피（　　）이 너무 비싸요.

☐　① 값　② 맛　③ 술　④ 물

5）—언니는 지금（　　）에 다녀요.

☐　① 노래　② 결혼　③ 회사　④ 시험

6）—다음 달에（　　）를/을 가요.

☐　① 노래　② 선물　③ 비행기　④ 여행

7）—매일（　　）를/을 읽어요.

☐　①음악　② 공부　③ 신문　④ 식사

8）—나무 위에（　　）가 한 마리 있어요.

☐　① 귀　② 새　③ 개　④ 소

➡ 問題類型の解説は34ページ、5級出題の語彙は39～45ページの合格資料を参照

9) —감기예요? (　　)은 먹었어요?

☐ ① 약 ② 물 ③ 술 ④ 국

10)—이 가게는 (　　)이 싸요.

☐ ① 손님 ② 스물 ③ 가슴 ④ 과일

11)—우리 딸은 오늘 (　　)를/을 입었어요.

☐ ① 시계 ② 안경 ③ 바지 ④ 신발

12)—어머니는 학교에서 (　　)를/을 가르칩니다.

☐ ① 은행 ② 일어 ③ 회사 ④ 호텔

13)—(　　)에 걸렸어요.

☐ ① 감기 ② 여름 ③ 기분 ④ 전철

14)—지금 밖에 (　　)가/이 많이 와요.

☐ ① 전화 ② 달 ③ 눈 ④ 꽃

15)—(　　)를/을 씁니다.

☐ ① 볼펜 ② 신문 ③ 종이 ④ 우산

16)—(　　)에서 돈을 찾았습니다.

☐ ① 기차 ② 은행 ③ 교실 ④ 도서관

17)—(　　)를/을 한 권 샀어요.

☐ ① 구두 ② 연필 ③ 시험 ④ 책

➡ 【正答】は60ページ、【解説】は188～190ページへ

2 短文の空所補充問題

18)—그 사람은 이름만 (　　).

☐ ① 엽니다　② 놉니다　③ 압니다　④ 넣습니다

19)—오늘은 사과가 아주 (　　).

☐ ① 싸요　② 세워요　③ 사요　④ 써요

20)—나한테는 문제가 너무 (　　).

☐ ① 같습니다　② 어렵습니다　③ 높습니다　④ 멉니다

21)—학교 앞에서 버스를 (　　).

☐ ① 보내요　② 나가요　③ 시켜요　④ 내려요

22)—오늘 아침에는 여섯 시에 (　　).

☐ ① 울었어요　② 생각했어요　③ 일어났어요　④ 다녔어요

23)—방 안에서도 구두를 (　　)?

☐ ① 놀아요　② 신어요　③ 내요　④ 타요

24)—누가 문을 (　　)?

☐ ① 나왔어요　② 받았어요　③ 벗었어요　④ 닫았어요

25)—오늘 한국 영화를 (　　).

☐ ① 갔어요　② 팔았어요　③ 봤어요　④ 잊었어요

26)—우표를 한 (　　) 주세요.

☐ ① 층　② 장　③ 명　④ 권

➡ 【正答】は60ページ、【解説】は190ページへ

27)—우리 가족은 모두 다섯 (　　)예요/이에요.

☐ ① 명　② 권　③ 번　④ 마리

28)—여동생은 올해 스무 (　　)예요/이에요.

☐ ① 번　② 개　③ 권　④ 살

29)—우리 회사는 칠 (　　)에 있습니다.

☐ ① 장　② 년　③ 층　④ 원

30)—교과서를 두 (　　) 가방에 넣었어요.

☐ ① 권　② 시　③ 번　④ 마리

31)—음식은 무엇을 (　　)?

☐ ① 내릴까요　② 마실까요　③ 시킬까요　④ 배울까요

32)—아들은 안경을 (　　).

☐ ① 입어요　② 써요　③ 차요　④ 신어요

33)—빨리 문을 (　　).

☐ ① 읽으세요　② 하세요　③ 여세요　④ 내세요

34)—저 호텔 앞에서 차를 (　　).

☐ ① 만드세요　② 찾으세요　③ 찍으세요　④ 세우세요

35)—이 우산을 (　　).

☐ ① 타세요　② 쓰세요　③ 잊으세요　④ 말하세요

➡ 【解説】は190、191ページへ

3 対話文の空所補充問題

※（　　）の中に入れるのに最も適切なものを①～④の中から1つ選びなさい。

1）— A：이 사진의 남자 아이는 누구지요?
B：우리 언니（　　）이에요.
☐ ① 딸　② 남편　③ 남동생　④ 아들

2）— A：무엇을 마셨어요?
B：（　　）를/을 마셨어요.
☐ ① 국밥　② 우유　③ 소금　④ 설탕

3）— A：거기（　　）는 어때요?
B：아주 덥습니다.
☐ ① 문제　② 단어　③ 날씨　④ 소리

4）— A：이 남자가 민수 씨 남동생이에요?
B：아니요. 이 사람은 민수 씨（　　）예요/이에요.
☐ ① 아내　② 형　③ 딸　④ 누나

5）— A：나는 여름을 좋아해요.
B：나는 여름보다（　　）이 더 좋아요.
☐ ① 봄　② 처음　③ 가슴　④ 구름

6）— A：회사까지는 어떻게 와요?
B：（　　）로 와요.
☐ ① 바지　② 신발　③ 전철　④ 취미

➡ 問題類型の解説は35ページ、5級出題の語彙は39～45ページの合格資料を参照

7) ―A：어제 (　　)을 샀어요.
B：눈이 나빠요?

☐ ① 약　② 안경　③ 속옷　④ 설탕

8) ―A：지금 은행에 갑니다.
B：(　　)을 찾으세요?

☐ ① 꽃　② 봄　③ 술　④ 돈

9) ―A：저 가게는 몇 시에 (　　)을 열어요?
B：열 시에 열어요.

☐ ① 일　② 돈　③ 문　④ 글

10)―A：김 선생님을 언제 만났어요?
B：(　　)에 만났어요.

☐ ① 내년　② 지난주　③ 다음 달　④ 모레

11)―A：집에서 공항까지 어떻게 가요?
B：(　　)로 가요.

☐ ① 지하철　② 내일　③ 비행기　④ 종이

12)―A：언제까지 한국에서 살았어요?
B：(　　) 삼월까지 살았어요.

☐ ① 모레　② 내년　③ 다음 달　④ 작년

13)―A：시계는 (　　)?
B：네, 책상 위에 있었어요.

☐ ① 걸렸어요　② 찾았어요　③ 비쌌어요　④ 닫았어요

➡ 【正答】は61ページ、【解説】は191、192ページへ

3 対話文の空所補充問題

14) — A：한국어 시험 (　　)?
B：아뇨, 시험은 다음 주예요.

☐ ① 배웠어요　② 말했어요　③ 봤어요　④ 나왔어요

15) — A：영화는 몇 시에 (　　)?
B：4시 반부터요.

☐ ① 시작돼요　② 가르쳐요　③ 걸려요　④ 끝나요

16) — A：어제부터 감기에 걸렸어요.
B：약은 (　　)?

☐ ① 마셨어요　② 나왔어요　③ 만들었어요　④ 먹었어요

17) — A：한국은 쇠고기가 싸요?
B：아뇨, 아주 (　　).

☐ ① 높아요　② 작아요　③ 비싸요　④ 낮아요

18) — A：오늘 거기 날씨는 어때요?
B：눈이 많이 (　　).

☐ ① 세워요　② 지나요　③ 보내요　④ 내려요

19) — A：언니도 안경을 (　　)?
B：네, 눈이 안 좋아요.

☐ ① 써요　② 사요　③ 자요　④ 타요

20) — A：지금 회사에서 언제부터 (　　)?
B：작년 3월부터요.

☐ ① 생각했어요　② 시작했어요　③ 일했어요　④ 일어났어요

➡ 【正答】は61ページ、【解説】は192、193ページへ

21)—A：주말에는 무엇을 해요?

B：친구하고 음식을 (　　).

☐ ① 열어요　② 만들어요　③ 벗어요　④ 잊어요

22)—A：집은 여기서 멀어요?

B：아뇨, 아주 (　　).

☐ ① 많습니다　② 짧습니다　③ 쉽습니다　④ 가깝습니다

23)—A：동생도 키가 커요?

B：아뇨, 동생은 키가 (　　).

☐ ① 길어요　② 작아요　③ 높아요　④ 낮아요

24)—A：나는 생선보다 고기가 (　　) 좋아요.

B：나도 그래요.

☐ ① 곧　② 더　③ 다　④ 또

25)—A：시간이 없어요.

B：그럼 (　　) 가세요.

☐ ① 같이　② 천천히　③ 모두　④ 먼저

26)—A：손님, 이 우산이 싸고 좋습니다.

B：(　　) 그 우산 주세요.

☐ ① 그럼　② 하지만　③ 그런데　④ 그리고

27)—A：그 친구는 오늘 (　　) 만났어요?

B：아뇨. 작년에 한 번 만났어요.

☐ ① 너무　② 처음　③ 제일　④ 정말

➡ 【解説】は193ページへ

4 語句の置き換え問題

※ 文の意味を変えずに、下線部の言葉と置き換えが可能なものを①～④の中から1つ選びなさい。

1) — 생선은 안 좋아해요.

☐ ① 재미없어요 ② 나빠요 ③ 가르쳐요 ④ 싫어해요

2) — 은행은 몇 시에 문을 열어요?

☐ ① 나가요 ② 시작돼요 ③ 걸려요 ④ 내려요

3) — 회사 일은 언제 끝나요?

☐ ① 언제부터예요 ② 뭐예요 ③ 몇 시까지예요 ④ 어디예요

4) — 언니는 음식을 잘 만들어요.

☐ ① 정말 맛있어요 ② 또 식사를 해요 ③ 음식을 시켜요 ④ 요리를 잘해요

5) — 어디서 차를 세울까요?

☐ ① 내리겠습니까 ② 먹겠습니까 ③ 사겠습니까 ④ 마시겠습니까

6) — 중국 사람하고 중국말로 이야기했어요.

☐ ① 배웠어요 ② 말했어요 ③ 일어났어요 ④ 썼어요

7) — 한국에 다시 가고 싶어요.

☐ ① 곧 ② 다 ③ 더 ④ 또

8) — 누나는 대학에서 일본어를 가르칩니다.

☐ ① 대학생입니다 ② 의사입니다 ③ 선생님입니다 ④ 일본 사람입니다

➡ 問題類型の解説は37ページ、5級出題の語彙は39～45ページの合格資料を参照

9) —여기서 병원은 안 멉니다.

☐ ① 작습니다 ② 가깝습니다 ③ 짧습니다 ④ 같습니다

10)—어제부터 날씨가 안 좋아요.

☐ ① 나빠요 ② 싸요 ③ 고파요 ④ 아파요

11)—과일은 지난 주보다 값이 내렸어요.

☐ ① 차요 ② 낮아요 ③ 싸요 ④ 작아요

12)—어제는 몸이 안 좋았어요.

☐ ① 바빴어요 ② 아팠어요 ③ 나빴어요 ④ 고팠어요

13)—오늘은 눈이 많이 와요.

☐ ① 기분이 나빠요 ② 덥지 않아요 ③ 손님이 많아요 ④ 날씨가 안 좋아요

14)—교실에 몇 사람 있어요?

☐ ① 몇 번 ② 몇 명 ③ 몇 층 ④ 몇 권

15)—토요일에는 친구하고 밥을 먹었어요.

☐ ① 음식을 만들어요 ② 요리했어요 ③ 시켜요 ④ 식사했어요

16)—그 연필은 어디서 팔아요?

☐ ① 어디가 싸요 ② 어디서 자요 ③ 어디서 사요 ④ 어디에 써요

17)—나는 국밥으로 하겠습니다.

☐ ① 국밥을 만들겠습니다 ② 국밥을 시키겠습니다
③ 국밥을 배우겠습니다 ④ 국밥을 찍겠습니다

➡ 【正答】は61ページ、【解説】は193、194ページへ

1 単語選択問題 / 2 短文の空所補充問題　正答

➡ 1 単語選択問題は46ページ、解説は187ページへ、
2 短文の空所補充問題は50ページ、解説は188ページへ

1 単語選択問題				2 短文の空所補充問題			
問題	正答	問題	正答	問題	正答	問題	正答
1	④	19	①	1	②	19	①
2	②	20	③	2	③	20	②
3	③	21	②	3	④	21	④
4	②	22	④	4	①	22	③
5	①	23	③	5	③	23	②
6	④	24	②	6	④	24	④
7	③	25	④	7	③	25	③
8	②	26	②	8	②	26	②
9	④	27	①	9	①	27	①
10	③	28	③	10	④	28	④
11	①	29	④	11	③	29	③
12	③	30	②	12	②	30	①
13	④	31	③	13	①	31	③
14	②	32	①	14	③	32	②
15	①	33	②	15	④	33	③
16	③	34	④	16	②	34	④
17	④	35	②	17	④	35	②
18	②			18	③		

※ 全問正解になるまで繰り返し練習をしてください。

3 対話文の空所補充問題 / 4 語句の置き換え問題　正答

➡ 3 対話文の空所補充問題は54ページ、解説は191ページへ、
4 語句の置き換え問題は58ページ、解説は193ページへ

3 対話文の空所補充問題				4 語句の置き換え問題			
問題	正答	問題	正答	問題	正答	問題	正答
1	④	15	①	1	④	11	③
2	②	16	④	2	②	12	②
3	③	17	③	3	③	13	④
4	②	18	④	4	④	14	②
5	①	19	①	5	①	15	④
6	③	20	③	6	②	16	③
7	②	21	②	7	④	17	②
8	④	22	④	8	③		
9	③	23	②	9	②		
10	②	24	②	10	①		
11	①	25	④				
12	④	26	①				
13	②	27	②				
14	③						

※ 全問正解になるまで繰り返し練習をしてください。

第3章

文法と定型表現問題

	問題類型	出題問題数	配点
1	用言の活用問題	3	1
2	助詞・語尾・慣用表現問題	3	1
3	あいさつなど定型表現問題	2	1

文法と定型表現に関する問題

1 出題内容

文法とあいさつなどの定型表現に関する問題は、
①文中の用言の活用形として正しいものを選ぶ問題が3問（配点各1点）、②文中の空所に入れるのに適した助詞や語尾、慣用表現を選ぶ問題が3問（配点各1点）、③状況に適したあいさつなどの定型表現を選ぶ問題が2問（配点各1点）出題される。問題はすべて5級出題範囲の文法事項とあいさつなどの定型表現の中から出題される。

1 用言の活用問題

短文を提示し、文中の空所に入るものとして適切な用言の活用形を選ぶ問題である。主に丁寧形の語尾「-ㅂ니다/-습니다」、「-아요/-어요」との結合が中心に出題される。語幹の母音の性格やパッチムの有無による結合の違いや、ㄹ脱落、으脱落などの活用の仕組みを正しく理解しているかを確認する問題である。

2 助詞・語尾・慣用表現問題

短文、または対話文を提示し、文中の空所に入れるのに適した助詞や語尾、慣用表現を選ぶ問題である。全3問中、助詞が1問、語尾と慣用表現が各1問の割合で出題される。

3 あいさつなど定型表現問題

状況や場面を説明し、その場面や状況に適したあいさつの表現やあいづちなどの定型表現を選ぶ問題である。問題はすべて「5級出題範囲のあいさつ・あいづちなどの表現」から出題される。

2 問題類型

問題類型 1　用言の活用問題

・ 短文を提示し、文中の空所に入れるのに適した用言の活用形を選ぶ問題が3問（配点各1点）出題される。

・ 問題では、以下のような用言の活用を正しく理解しているかが問われる。

❶ 用言と語尾「-ㅂ니다/-습니다」の結合関係

【例】사다（買う）：사+ㅂ니다→ 삽니다　　읽다（読む）：읽+습니다→ 읽습니다

❷ 用言と語尾「-아요/-어요」、「-았/-었」の結合関係

【例】보다（見る）：보+아요→ 봐요　　마시다（飲む）：마시+어요→ 마셔요
자다（寝る）：자+았+어요→ 잤어요

❸「하다」用言の活用関係

【例】하다（する）：하+여요→ 해요　　말하다（話す）：말하+여요→ 말해요
일하다（働く）：일하+였어요/습니다→ 일했어요/일했습니다

❹ ㄹ(リウル)脱落とㅡ脱落

【例】열다（開ける）：열+ㅂ니다→ 엽니다/ 열+어요→ 열어요
쓰다（書く）：쓰+ㅂ니다→ 씁니다/ 쓰+어요→ 써요

例題　(　　)の中に入れるのに適切なものを①～④の中から1つ選んでください。
〈1点 × 3問〉

1）우리 형은 회사에 (　　).
① 다니요　② 다내요　③ 다녀요　④ 다니습니다

2）언니는 미국에 (　　).
① 살습니다　② 삽니다　③ 살습니다　④ 사습니다

3）도서관에서 (　　).
① 공부하어요　② 공부하요　③ 공부하아요　④ 공부해요

正解 1）③　2）②　3）④

解説 1）うちの兄は会社に（勤めています）。
✎ 母音縮約「ㅣ+ㅓ=ㅕ」：다니다（勤める、通う)→ 다니+어요→ 다녀요
2）姉はアメリカに（住んでいます）。
✎ ㄹ脱落：살다（住む)→ 살+ㅂ니다→ 삽니다
3）図書館で（勉強します）。
✎ 하다活用：공부하다（勉強する)→ 공부하+여요→ 공부해요

第3章 文法と定型表現

合格資料－１４ ５級出題範囲の脱落活用と母音縮約

※ 以下、ㄹ脱落と으脱落の単語は５級出題範囲の語彙リストに載っているものをまとめたものである。用言の脱落活用に関する問題はこの単語の中から出題される。

【1】ㄹ（リウル）脱落

用言の語幹のㄹパッチムが語尾「－ㅂ니다、－세요」の前で規則的に脱落する。

ㄹ脱落用言 ＼ 語尾活用例		－ㅂ니다 －ます/－です	－아요/－어요 －ます/－です	－세요(?) －ていらっしゃいます(か)
놀다	遊ぶ	놉니다	놀아요	노세요
만들다	作る	만듭니다	만들어요	만드세요
살다	住む、暮らす	삽니다	살아요	사세요
알다	知る、わかる	압니다	알아요	아세요
열다	開ける、開く	엽니다	열어요	여세요
울다	泣く	웁니다	울어요	우세요
팔다	売る	팝니다	팔아요	파세요
길다	長い	깁니다	길어요	×
멀다	遠い	멉니다	멀어요	×

【2】으脱落

用言の語幹の最終音節の으母音が「－아/－어」で始まる語尾の前で規則的に脱落する。

으脱落用言 ＼ 語尾活用例		－ㅂ니다 －ます/－です	－아요/－어요 －ます/－です	－았/－었어요 －ました/－かったです
고프다	おなかが空く	고픕니다	고파요	고팠어요
나쁘다	悪い	나쁩니다	나빠요	나빴어요
바쁘다	忙しい	바쁩니다	바빠요	바빴어요
아프다	痛い	아픕니다	아파요	아팠어요
크다	大きい	큽니다	커요	컸어요
쓰다	書く	씁니다	써요	썼어요

【3】母音縮約

用言の語幹の最終音節が母音で終わるものは、語尾「－아요/－어요」と結合する際に縮約が起きる。問題ではこの縮約の仕組みを理解しているかが問われる。

縮約のパターン	活用例		－아요/－어요 －ます/－です	－았/－었어요 －ました/－かったです
❶ ㅏ＋아요 → ㅏ요	가다	行く	가＋아요 → 가요	가＋았어요 → 갔어요
❷ ㅗ＋아요 → ㅘ요	오다	来る	오＋아요 → 와요	오＋았어요 → 왔어요
❸ ㅜ＋어요 → ㅝ요	배우다	学ぶ	배우＋어요 → 배워요	배우＋었어요 → 배웠어요
❹ ㅣ＋어요 → ㅕ요	마시다	飲む	마시＋어요 → 마셔요	마시＋었어요 → 마셨어요
❺ ㅐ＋어요 → ㅐ요	보내다	送る	보내＋어요 → 보내요	보내＋었어요 → 보냈어요
※ 하＋여요 → 해요	말하다	話す	말하＋여요 → 말해요	말하＋였어요 → 말했어요

合格資料－１５ 語尾の結合練習

➡ 解答は195ページへ

※ 次の用言と語尾を正しく結合してみよう。

基本形		語幹＋ㅂ니다/습니다	語幹＋아요/어요
배우다	学ぶ		
좋아하다	好きだ		
나오다	出てくる		
기다리다	待つ		
나쁘다	悪い		
보다	見る		
비싸다	高い（値段が）		
길다	長い		
일하다	働く		
크다	大きい		
다니다	通う		
공부하다	勉強する		
보내다	送る		
만나다	会う		
만들다	作る		
마시다	飲む		
자다	寝る		
주다	くれる		
잘하다	上手だ		

問題類型2　助詞・語尾・慣用表現問題

・短文、または2行の対話文を提示し、文中の空所に入れるのに適切な助詞や語尾、慣用表現を選ぶ問題が3問（配点各1点）出題される。

・問題は、短文形式が2問、対話文型式が1問の3問構成で、助詞の問題が1問、語尾と慣用表現の問題が各1問の割合で出題される。

・文の内容を理解し、空所前後の文脈に合うものを選ぶためには、助詞と語尾、慣用表現の機能を正しく覚えておく必要がある。5級出題範囲の助詞と語尾、慣用表現は多くないので、合格資料を参考にしっかり覚えておくようにしよう。

➡ 5級出題範囲の助詞、語尾、慣用表現は71～75ページの合格資料を参照

例題　(　　)の中に入れるのに適切なものを①～④の中から1つ選びなさい。

〈1点 × 3問〉

1）어젯밤에 언니(　　) 전화했어요.

① 를　② 에서　③ 한테　④ 에

2）형은 지난주에 미국에 (　　).

① 갑니다　② 가겠습니다　③ 가요　④ 갔어요

3）A：오늘이 생일이에요?

B：아뇨. 오늘(　　). 모레예요.

① 로 하겠어요　② 이 아니에요　③ 과 같아요　④ 이라고 해요

正解　1）③　2）④　3）②

解説　1）昨夜、姉（　）電話しました。

① を　② で　③（人）に　④ に

✎「한테」は人や動物を表わす名詞に付いて対象を表わす。主に話し言葉で用いられる。同じ意味の「에게」は主に書き言葉として用いられる。
この「에게」と「한테」は人以外の名詞には接続しないので注意を要する。
○ 언니에게/한테 전화했어요.　姉に電話しました。
× 언니에 전화했어요.

2）兄は先週アメリカへ（　）。

① 行きます　② 行くつもりです　③ 行きます　④ 行きました

✎「가겠습니다」に含まれている語尾「겠」は話し手の強い意志を表わす。

3）A：今日が誕生日ですか。

B：いいえ、今日（　）。あさってです。

① にします　② ではありません　③ と同じです　④ と言います

✎ 名詞+가/이 아닙니다/아니에요：名詞+ではありません

問題類型3　あいさつなど定型表現問題

・状況や場面を説明し、その状況や場面に適したあいさつやあいづちなどの定型表現を選ぶ問題が2問（配点各1点）出題される。

・問題はすべて5級出題範囲の「あいさつ・あいづちなどの表現」（70ページ参照）の中から出題される。それぞれの表現がどのような状況で使われるものなのかその機能が理解できれば容易に答えられる問題である。

例題　次の場面や状況において最も適切なあいさつやあいづちなどの言葉を①～④の中から1つ選びなさい。　〈1点 × 2問〉

1）知り合いに久しぶりに会ったとき。

① 어떻습니까?　② 오래간만입니다.　③ 실례합니다.　④ 또 뵙겠습니다.

2）遅刻したことを謝るとき。

① 괜찮습니다.　② 잘 부탁합니다.　③ 천만에요.　④ 죄송합니다.

正解　1）②　　2）④

解説　1）① どうですか。　② お久しぶりです。
③ 失礼します。　④ それでは、また…。
2）① 大丈夫です。　② よろしくお願いします。
③ どういたしまして。　④ 申し訳ありません。

例題　次の場面や状況において最も適切なあいさつやあいづちなどの言葉を①～④の中から1つ選びなさい。　〈1点 × 2問〉

1）電話に出たとき。

① 여보세요.　② 어서 오세요.　③ 실례합니다.　④ 여기요.

2）誕生日を祝ってくれた人に対して。

① 축하해요.　② 고마워요.　③ 천만에요.　④ 반가워요.

正解　1）①　　2）②

解説　1）① もしもし。　② いらっしゃいませ。
③ 失礼します。　④ すみません。（人に呼びかけるとき）
2）① おめでとうございます。　② ありがとうございます。
③ どういたしまして。　④（お会いできて）うれしいです。

第3章　文法と定型表現

合格資料－１６　５級出題範囲のあいさつなどの表現

	あいさつ・あいづちなど	意味
1	감사합니다	ありがとうございます
2	고맙습니다 / 고마워요	ありがとうございます
3	괜찮습니다 / 괜찮아요	構いません / 大丈夫です / 結構です
4	또 만납시다 / 또 만나요	また会いましょう / ではまた… (親しい人に対して)
5	또 봐요	また会いましょう / ではまた… (親しい人に対して)
6	또 뵙겠습니다	それでは、また…
7	만나서 반갑습니다	お会いできてうれしいです
8	많이 드십시오 / 많이 드세요	たくさん召し上がってください
9	맞습니다 / 맞아요	そうです / その通りです
10	모르겠습니다 / 모르겠어요	知りません / 分かりません
11	미안합니다 / 미안해요	すみません / ごめんなさい
12	반갑습니다 / 반가워요	(お会いできて) うれしいです
13	실례합니다	失礼します
14	안녕히 가십시오 / 안녕히 가세요	(去る人に対して) さようなら
15	안녕히 계십시오 / 안녕히 계세요	(その場に留まる人に対して) さようなら
16	알겠습니다 / 알겠어요	承知しました / 分かりました
17	알았습니다 / 알았어요	分かりました
18	어떠세요?	いかがですか
19	어떻습니까? / 어때요?	どうですか / いかがですか
20	어서 오십시오 / 어서 오세요	いらっしゃいませ
21	여기요 / 저기요	(人に呼びかけるとき) すみません
22	여보세요	もしもし / すみません
23	오래간만입니다 / 오래간만이에요	お久しぶりです
24	잘 부탁드리겠습니다 잘 부탁드리겠어요	よろしくお願いいたします
25	잘 부탁합니다 / 잘 부탁해요	よろしくお願いします
26	잠깐만요	少々お待ちください
27	죄송합니다 / 죄송해요	申し訳ありません
28	처음 뵙겠습니다	はじめまして
29	천만에요	とんでもないです / どういたしまして
30	축하합니다 / 축하해요	おめでとうございます

5級出題範囲の文法事項

合格資料－17　5級出題範囲の助詞

	助　詞	意味／用例	
1	가/이	主語	～が、～は
	・비가 내립니다. ・돼지고기가 싸요.		雨が降っています。 豚肉が安いです。
2	가/이	(아니다の前で) 否定の対象	～では (ない)
	・오늘은 월요일이 아닙니다. ・그것은 내 시계가 아니에요.		今日は月曜日ではありません。 それは私の時計ではありません。
3	는/은	主題	～は
	・한국어는 어디서 공부했어요? ・이 바지는 좀 비싸요.		韓国語はどこで勉強しましたか。 そのズボンは少し高いです。
4	도	追加、列挙	～も
	・저도 읽고 싶어요. ・공부도 운동도 잘해요.		私も読みたいです。 勉強も運動もよくできます。
5	를/을	対象、目的	～を
	・우유를 마십니다. ・신문을 읽어요. ・언니를 만나요. ・지하철을 탑니다. ・과일을 좋아해요. ・생선을 싫어해요.		牛乳を飲みます。 新聞を読みます。 姉に会います。 地下鉄に乗ります。 果物が好きです。 魚が嫌いです。
6	의	所有、関係、所属	～の
	・이것은 언니의 가방이에요. ・저분은 어머니의 친구예요. ・아버지의 회사에서 만들었어요.		これは姉のカバンです。 あの方は母の友だちです。 父の会社で作りました。
7	과/와	並列、列挙、共同、比較	～と　・書き言葉的
	・빵과 우유를 샀어요. ・언니와 같이 영화를 봐요.		パンと牛乳を買いました。 姉と一緒に映画を見ます。
8	하고	並列、列挙、共同、比較	～と　・話し言葉的
	・커피하고 홍차를 마셨어요. ・친구하고 식사를 해요.		コーヒーと紅茶を飲みました。 友だちと食事をします。
9	부터	起点、順序	～から
	・두 시부터예요. ・아홉 시부터 열두 시까지 수업이 있어요. ・여기부터 청소할까요?		2時からです。 9時から12時まで授業があります。 ここから掃除しましょうか。

No.	助詞	意味	日本語
10	**까지**	限度、範囲、到達点	〜まで
	・세 시까지 수업이 있어요. ・역까지 얼마나 걸려요? ・여기까지 어떻게 왔어요?		3時まで授業があります。 駅までどのくらいかかりますか。 ここまでどのように来ましたか。
11	**로/으로**	手段、方法、材料、方向	〜で、〜に、〜へ
	・전철로 한 시간 걸려요. ・이것은 무엇으로 만들었어요? ・이 버스는 공항으로 가요. ・외국으로 여행을 갑니다.		電車で1時間かかります。 これは何で作りましたか。 このバスは空港へ行きます。 外国へ旅行に行きます。
12	**만**	限定、制限	〜だけ、〜ばかり
	・책만 읽었어요. ・일요일만 쉬어요.		本ばかり読みました。 日曜日だけ休みます。
13	**보다**	比較	〜より
	・형은 나보다 키가 작아요. ・어제보다 덥습니다.		兄は私より背が低いです。 昨日より暑いです。
14	**에**	場所、帰着点、時間	〜に
	・책상 위에 시계가 있어요. ・식당에 갈까요? ・한 시에 만날까요?		机の上に時計があります。 食堂に行きましょうか。 1時に会いましょうか。
15	**에게**	対象	〜（人、動物）に　・書き言葉的
	・친구에게 부탁했어요. ・이 바지는 나에게는 커요.		友だちに頼みました。 このズボンは私には大きいです。
16	**한테**	対象	〜（人、動物）に　・話し言葉的
	・저한테 주세요. ・딸한테 다 말했어요.		私にください。 娘に全部話しました。
17	**에서**	場所、起点	〜で、〜から
	・어제는 집에서 쉬었어요. ・도서관에서 책을 읽어요. ・학교는 역에서 멀어요?		昨日は家で休みました。 図書館で本を読みます。 学校は駅から遠いですか。
18	**서**	場所、起点	「에서」の縮約形
	・거기서 봤어요. ・여기서 멀지 않아요.		そこで見ました。 ここから遠くないです。
19	**(이)요(?)**	説明、確認	〜です（か）
	・무엇을 샀어요? -빵이요. ・내일이요? -내일은 좀 바빠요. ・어디요? 서울역이요?		何を買いましたか。-パンです。 明日ですか。-明日はちょっと忙しいです。 どこですか。ソウル駅ですか。
20	**같이**	例え、例示	〜のように、〜のごとく
	・겨울같이 춥습니다. ・오늘은 봄같이 따뜻해요. ・매일같이 축구를 해요.		冬のように寒いです。 今日は春のように暖かいです。 毎日のようにサッカーをします。

合格資料－18　5級出題範囲の語尾

※結合関係表示：V（動詞）、A（形容詞）、N（名詞）

	語　尾	意味／用例	
1	V/A+ㅂ니다 V/A+습니다	丁寧な説明	～ます、～です
	·책을 읽습니다. ·일이 바쁩니다. ·영화를 봅니다.		本を読みます。 仕事が忙しいです。 映画を見ます。
2	V/A+ㅂ니까? V/A+습니까?	丁寧な疑問	～ますか、～ですか
	·언제 옵니까? ·문제가 어렵습니까? ·영어는 못합니다. ·물이 찹니다.		いつ来ますか。 問題は難しいですか。 英語はできません。 水が冷たいです。
3	V/A+아요 V/A+어요	説明、叙述	～ます、～です
	·의자에 앉아요. ·다음 달에 여행을 가요. ·사진을 찍어요. ·비가 많이 와요.		いすに座ります。 来月旅行に行きます。 写真を撮ります。 雨がたくさん降ります。
4	V/A+아요? V/A+어요?	疑問	～ますか、～ですか
	·이것은 어디서 팔아요? ·서울에 언제 가요? ·지금 어디에 있어요? ·몇 시에 자요?		これはどこで売りますか。 ソウルにいつ行きますか。 いまどこにいますか。 何時に寝ますか。
5	N+예요(?) N+이에요(?)	説明、叙述、疑問	～です（か）
	·이번이 두 번째예요. ·이 사과는 얼마예요? ·여기가 도서관이에요. ·저분이 영어 선생님이에요?		今回が2回目です。 このリンゴはいくらですか。 ここが図書館です。 あの方が英語の先生ですか。
6	V/A+고	並列、継起、持続	～て、～し
	·영화도 보고 술도 마셨어요. ·드라마를 보고 울었어요. ·우산을 가지고 왔어요?		映画も見て酒も飲みました。 ドラマを見て泣きました。 傘を持ってきましたか。
7	V/A+ㅂ니다만 V/A+습니다만 N+입니다만	前置き、対比	～ますが、～ですが
	[～ㅂ니다만/습니다마는の縮約形] ·미안합니다만 오늘은 안됩니다. ·일은 재미있습니다만 아주 바쁩니다. ·5월입니다만 밤에는 춥습니다.		すみませんが、今日はだめです。 仕事は面白いですが、とても忙しいです。 5月ですが、夜は寒いです。

8	**V+(으)ㄹ까요?**	提案、勧誘	**〜しましょうか**
	·무엇을 먹을까요? ·몇 시에 갈까요? ·문을 닫을까요? ·제가 먼저 할까요?		何を食べましょうか。 何時に行きましょうか。 ドアを閉めましょうか。 私が先にやりましょうか。
9	**V/A+지요(?)** **N+(이)지요(?)**	説明、確認、提案	**〜ますよ/〜ですよ、〜ますよね**
	·겨울에는 눈이 많이 오지요. ·그건 내가 하지요. ·거기는 어떻게 가지요? ·저 사람이 누구지요? ·내일이 토요일이지요?		冬は雪がたくさん降ります。 それは私がやります。 そこはどのように行きますか。 あの人は誰ですか。 明日は土曜日ですよね。
10	**V/A+죠(?)** **N+(이)죠(?)**	説明、確認、疑問	**〜ますよ/〜ですよ、〜ますよね**
	[〜지요(?)の縮約形] ·여름은 아주 덥죠. ·문제가 어렵죠? ·화장실이 어디죠? ·생일이 내일이죠?		 夏はとても暑いです。 問題が難しいですよね。 トイレはどこですか。 誕生日は明日ですよね。
11	**V+(으)세요(?)** **N+(이)세요(?)**	説明、疑問	**〜なさいます(か)、〜でいらっしゃいます(か)**
	·지금 신문을 읽으세요. ·어디에 가세요? ·누구세요? ·저분이 선생님이세요?		いま新聞を読んでいらっしゃいます。 どこに行かれますか。 どなたですか。 あの方が先生でいらっしゃいますか。
12	**V+(으)세요**	命令、要請	**〜てください**
	·여기서 기다리세요. ·빨리 오세요. ·모두 웃으세요. 하나, 둘, 셋.		ここで待ってください。 早く来てください。 みんな笑ってください。いち、に、さん。
13	**V+겠-**	意志	**〜つもりだ**
	·제가 하겠습니다. ·곧 가겠어요. ·무엇을 마시겠어요?		私がやります。 すぐ行きます。 何を飲みますか。
14	**V/A+았-/었-** **N+(이)었-**	過去、完了、結果の持続	**〜した、〜だった、〜ている**
	·여섯 시에 일어났어요. ·아침에 신문을 읽었어요? ·언니는 치마를 입었어요. ·값이 얼마였어요? ·어제가 내 생일이었어요.		6時に起きました。 朝、新聞を読みましたか。 姉はスカートをはいています。 値段はいくらでしたか。 昨日が私の誕生日でした。

合格資料－１９　５級出題範囲の慣用表現

※ 結合関係表示：V（動詞）、A（形容詞）、N（名詞）

	慣用表現	意味／用例	
1	N+이/가 아니다	否定	～ではない
	·오늘은 목요일이 아니에요. ·제 책이 아닙니다.		今日は木曜日ではありません。 私の本ではありません。
2	V+고 가다 V+고 오다	手段、持続	～て行く ～て来る
	·전철을 타고 와요. ·학교에는 치마를 입고 가요.		電車に乗って来ます。 学校にはスカートを履いて行きます。
3	V+고 싶다	希望	～たい
	·냉면을 먹고 싶어요. ·외국에 여행을 가고 싶어요.		冷麺が食べたいです。 外国に旅行に行きたいです。
4	N+(이)라고 하다	引用	～と言う
	·제 이름은 사사키라고 합니다. ·이것은 한국어로 무엇이라고 합니까?		私の名前はササキと言います。 これは韓国語で何と言いますか。
5	N+(으)로 하다	決定	～にする、～に決める
	·냉면으로 할까요? ·나는 불고기로 하겠어요.		冷麺にしましょうか。 私は焼肉にします。
6	N+와/과 같다	同一、類似	～と同じだ、～のようだ、～みたいだ
	·나이는 나와 같아요. ·정말 꿈과 같아요.		年齢は私と同じです。 本当に夢のようです。
7	N+와/과 같이	共同、同様	～と一緒に、～と同じく、～と同じように
	·친구와 같이 영화를 봤어요. ·다음과 같이 쓰세요.		友だちと一緒に映画を見ました。 次のように書いてください。

1 用言の活用問題

※（　　）の中に入れるのに適切なものを①～④の中から1つ選んでください。

1）— 아침부터 비가 많이 (　　).

☐　① 오요　② 오어요　③ 와요　④ 왜요

2）— 식당에서 식사를 (　　).

☐　① 하습니다　② 해요　③ 햅니다　④ 하요

3）— 언니는 머리가 아주 (　　).

☐　① 길아요　② 기러요　③ 길습니다　④ 깁니다

4）— 어머니는 고등학교에서 영어를 (　　).

☐　① 가르쳡니다　② 가르쳐요　③ 가르치요　④ 가르치습니다

5）— 누구한테 편지를 (　　)?

☐　① 쓨어요　② 쓰었어요　③ 쒔어요　④ 썼어요

6）— 그 사람을 (　　)?

☐　① 알습니까　② 알어요　③ 압니까　④ 알으요

7）— 지금 한국어를 (　　).

☐　① 배워요　② 배웝니다　③ 배우요　④ 배우습니다

8）— 형은 미국에 (　　).

☐　① 살어요　② 사요　③ 삽니다　④ 살습니다

➡ 問題類型の解説は65ページ、5級出題範囲の脱落活用と母音縮約は66ページの合格資料を参照

9) ― 학교에서 7시까지 (　　).

☐ ① 공부하요　② 공부해요　③ 공부햅니다　④ 공부하습니다

10) ― 나는 집이 여기서 (　　).

☐ ① 머러요　② 멀습니다　③ 멀아요　④ 멉니다

11) ― 허리가 너무 (　　).

☐ ① 아프요　② 아프습니다　③ 아파요　④ 아팝니다

12) ― 주말에는 친구하고 (　　).

☐ ① 놉니다　② 노릅니다　③ 노라요　④ 놀습니다

13) ― 눈이 많이 (　　).

☐ ① 내리습니다　② 내리요　③ 내렵니다　④ 내려요

14) ― 집에서는 내가 음식을 (　　).

☐ ① 만드릅니다　② 만듭니다　③ 만드러요　④ 만들습니다

15) ― 언니는 노래를 (　　).

☐ ① 잘해요　② 잘하습니다　③ 잘하요　④ 잘햅니다

16) ― 시간이 많이 (　　)?

☐ ① 거려요　② 걸여요　③ 걸려요　④ 거라요

17) ― 저 아이는 왜 (　　)?

☐ ① 워요　② 울습니까　③ 우요　④ 울어요

➡ 【正答】は86ページ、【解説】は195、196ページへ

1 用言の活用問題

18)—저 사람은 (　　).

☐ ① 모르습니다　② 모릅니다　③ 모르요　④ 몰랍니다

19)—친구하고 같이 한국어를 (　　).

☐ ① 공부햅니다　② 공부하습니다　③ 공부하요　④ 공부해요

20)—은행은 9시에 문을 (　　).

☐ ① 열습니다　② 여어요　③ 여요　④ 엽니다

21)—주말에는 사람이 아주 (　　).

☐ ① 많습니다　② 많어요　③ 많해요　④ 많입니다

22)—이것은 누가 (　　)?

☐ ① 만드어요　② 만들었어요　③ 만들습니까　④ 만덨어요

23)—내일 몇 시에 (　　)?

☐ ① 만나습니까　② 만닙니까　③ 만나요　④ 만나어요

24)—어제 몇 시까지 (　　)?

☐ ① 기다랬어요　② 기다렸어요　③ 기다었어요　④ 기달였어요

25)—생선은 어디서 (　　)?

☐ ① 팔습니까　② 파릅니까　③ 파니까　④ 팝니까

26)—저녁 식사는 집에서 (　　)?

☐ ① 햅니까　② 합니까　③ 해습니까　④ 하습니까

➡ 【正答】は86ページ、【解説】は196、197ページへ

27)—어제는 영화를 보고 (   ).

☐ ① 울었어요 ② 울습니다 ③ 울았어요 ④ 울아요

28)—치마가 너무 (   ).

☐ ① 짧어요 ② 짤습니다 ③ 짤버요 ④ 짧아요

29)—누나는 나보다 키가 (   ).

☐ ① 작으요 ② 작으아요 ③ 작아요 ④ 작어요

30)—지난달에 (   ).

☐ ① 결혼핬어요 ② 결혼했어요 ③ 결혼핬습니다 ④ 결혼이었습니다

31)—영어를 (   ).

☐ ① 배우습니다 ② 배우아요 ③ 배우요 ④ 배워요

32)—외국 사람하고 영어로 (   ).

☐ ① 말하았어요 ② 말했어요 ③ 말핬어요 ④ 말해었어요

33)—내 친구는 중국어를 (   ).

☐ ① 잘하답니다 ② 잘하요 ③ 잘해어요 ④ 잘해요

34)—몇 시에 (   )?

☐ ① 시작핬어요 ② 시작했어요 ③ 시작했아요 ④ 시작핬습니다

35)—어제는 9시까지 도서관에서 (   ).

☐ ① 공부하았어요 ② 공부핬어요 ③ 공부했어요 ④ 공부하었습니다

➡ 【解説】は197ページへ

2 助詞・語尾・慣用表現問題

※（　　）の中に入れるのに適切なものを①～④の中から1つ選びなさい。

1) — 어제는 도서관에서 밤 아홉 시(　　) 공부했어요.

□ ① 가　② 까지　③ 에서　④ 의

2) — 언니(　　) 말하고 싶어요.

□ ① 에서　② 로　③ 에　④ 한테

3) — 지하철(　　) 타고 갑니다.

□ ① 에　② 에게　③ 을　④ 의

4) — 연필(　　) 쓰세요.

□ ① 로　② 에게　③ 에서　④ 부터

5) — 다음 주에 가족(　　) 같이 여행을 가요.

□ ① 에서　② 부터　③ 과　④ 한테

6) — 형은 나(　　) 키가 작아요.

□ ① 가　② 보다　③ 와　④ 의

7) — 내일 몇 시(　　) 일해요?

□ ① 와　② 만　③ 에게　④ 까지

8) — 오늘 아침에는 우유(　　) 마셨어요.

□ ① 하고　② 만　③ 보다　④ 로

➡ 問題類型の解説は68ページ、5級出題範囲の助詞、語尾、慣用表現は71～75ページの合格資料を参照

9) ―이거 소금(　　)?

☐　① 가 아닙니다　② 고 싶습니까　③ 이 아닙니까　④ 과 같습니다

10)―지금 어디에 (　　)?

☐　① 살까요　② 살아요　③ 살겠어요　④ 살았어요

11)―저는 김민수(　　).

☐　① 이 아닙니다　② 고 싶습니다　③ 과 같습니다　④ 라고 합니다

12)―어제 사진은 많이 (　　)?

☐　① 찍었어요　② 찍을까요　③ 찍어요　④ 찍고 싶어요

13)―우리도 빨리 (　　)? 시간이 없어요.

☐　① 갔어요　② 가세요　③ 갈까요　④ 가셨어요

14)―어제 친구 생일 선물을 (　　).

☐　① 사요　② 사죠　③ 사겠어요　④ 샀어요

15)―할머니는 지금 한국 드라마를 (　　).

☐　① 봤어요　② 보세요　③ 보겠어요　④ 보셨어요

16)―어제 민수 씨를 (　　)?

☐　① 만나죠　② 만났어요　③ 만나겠어요　④ 만나고 싶어요

17)―영어는 조금 (　　) 중국어는 못합니다.

☐　① 말하겠습니다　② 말합니다만　③ 말했어요　④ 말하고

➡ 【正答】は86ページ、【解説】は197、198ページへ

2 助詞・語尾・慣用表現問題

18)―지난주에도 축구를 (　　)?

☐ ① 하지요　② 하세요　③ 할까요　④ 했어요

19)―A：이 영화는 두 시부터예요?
B：아뇨, 두 시부터(　　).

☐ ① 예요　② 와 같아요　③ 가 아니에요　④ 라고 해요

20)―A：뭐 먹을까요?
B：나는 비빔밥(　　).

☐ ① 으로 하겠어요　② 이라고 해요　③ 과 같아요　④ 이 아니에요

21)―A：내일이 생일이에요?
B：내일(　　). 모레예요.

☐ ① 로 하겠어요　② 과 같아요　③ 이라고 해요　④ 이 아니에요

22)―A：은행은 몇 시에 문을 (　　)?
B：아홉 시부터 해요.

☐ ① 열어요　② 열까요　③ 여세요　④ 열었어요

23)―A：주말에 무엇을 하세요?
B：한국어 시험을 (　　).

☐ ① 봤어요　② 보세요　③ 봐요　④ 보고 가요

24)―A：일본어는 어디서 공부했어요?
B：드라마를 보고 (　　).

☐ ① 배우세요　② 배워요　③ 배우겠어요　④ 배웠어요

➡ 【正答】は86ページ、【解説】は198、199ページへ

25)—A：일은 몇 시(　　)?
B：여덟 시에 끝나요.
☐ ① 지요　② 까지예요　③ 부터예요　④ 예요

26)—A：배가 고파요. 밥을 먹(　　).
B：저 식당에 갈까요?
☐ ① 이라고 해요　② 이 아니에요　③ 고 싶어요　④ 과 같아요

27)—A：일은 다 끝났어요?
B：너무 많아요. 다는 (　　).
☐ ① 못합니다만　② 못하지요　③ 못합니까　④ 못했어요

28)—A：과일은 다 좋아하세요?
B：아뇨, 사과(　　) 좋아해요.
☐ ① 하고　② 만　③ 까지　④ 부터

29)—A：여기요. 밥 하나 더 주세요.
B：밥(　　)? 네, 알겠습니다.
☐ ① 이요　② 습니까　③ 이지요　④ 이세요

30)—A：일요일에는 무엇을 (　　)?
B：동생과 빵을 만들었어요.
☐ ① 하지요　② 할까요　③ 했어요　④ 하세요

➡ 【解説】は199ページへ

3 あいさつなど定型表現問題

※ 次の場面や状況において最も適切なあいさつやあいづちなどの言葉を①～④の中から1つ選びなさい。

1) — 約束の時間に遅れて来て謝るとき。

☐ ① 괜찮습니다. ② 또 봐요.
③ 죄송합니다. ④ 실례합니다.

2) — 部長からの指示を了解したとき。

☐ ① 맞습니다. ② 알겠습니다.
③ 고맙습니다. ④ 잘 부탁드리겠습니다.

3) — 相手から感謝のことばを言われたとき。

☐ ① 고맙습니다. ② 알겠습니다.
③ 축하합니다. ④ 천만에요.

4) — 初めて会う人にあいさつするとき。

☐ ① 반갑습니다. ② 또 만나요.
③ 또 뵙겠습니다. ④ 오래간만이에요.

5) — お客さんや知人を見送るとき。

☐ ① 안녕히 계세요. ② 안녕히 가세요.
③ 처음 뵙겠습니다. ④ 어서 오세요.

6) — 知人に感想を伺うとき。

☐ ① 괜찮아요. ② 잘 부탁합니다.
③ 그렇습니까? ④ 어떻습니까?

➡ 問題類型の解説は69ページ、5級出題範囲のあいさつなどの表現は70ページを参照

7) — 自分の仕事を手伝ってくれた人に対して。

☐ ① 감사합니다. ② 축하합니다.
③ 맞습니다. ④ 죄송합니다.

8) — 居酒屋で注文するため店員を呼ぶとき。

☐ ① 잘 부탁합니다. ② 천만에요.
③ 실례합니다. ④ 여기요.

9) — 先に帰る先輩に対して。

☐ ① 안녕히 계십시오. ② 실례합니다.
③ 안녕히 가십시오. ④ 어서 오십시오.

10) — 久しぶりに会えてうれしいとき。

☐ ① 고마워요. ② 반가워요.
③ 오래간만이에요. ④ 천만에요.

11) — また会う機会がある人と別れ際にあいさつするとき。

☐ ① 알겠어요. ② 잘 부탁해요.
③ 처음 뵙겠습니다. ④ 또 뵙겠습니다.

12) — かかってきた電話に出るとき。

☐ ① 여보세요? ② 어서 오세요.
③ 안녕하세요? ④ 여기요.

13) — 相手が言ったことが正しいとき。

☐ ① 어때요? ② 맞아요.
③ 그래요? ④ 천만에요.

➡ 【正答】は86ページ、【解説】は199、200ページへ

1 用言の活用問題 / 2 助詞・語尾・慣用表現問題　正答

➡ 1 用言の活用問題は76ページ、解説は195ページへ、
2 助詞・語尾・慣用表現問題は80ページ、解説は197ページへ

1 用言の活用問題				2 助詞・語尾・慣用表現問題			
問題	正答	問題	正答	問題	正答	問題	正答
1	③	19	④	1	②	16	②
2	②	20	④	2	④	17	②
3	④	21	①	3	③	18	④
4	②	22	②	4	①	19	③
5	④	23	③	5	③	20	①
6	③	24	②	6	②	21	④
7	①	25	④	7	④	22	①
8	③	26	②	8	②	23	③
9	②	27	①	9	③	24	④
10	④	28	④	10	②	25	②
11	③	29	③	11	④	26	③
12	①	30	②	12	①	27	④
13	④	31	④	13	③	28	②
14	②	32	②	14	④	29	①
15	①	33	④	15	②	30	③
16	③	34	②				
17	④	35	③				
18	②						

※ 全問正解になるまで繰り返し練習をしてください。

3 あいさつなど定型表現問題　正答

➡ 3 あいさつなど定型表現問題は84ページ、解説は199ページへ

3 あいさつなど定型表現問題					
問題	正答	問題	正答	問題	正答
1	③	6	④	11	④
2	②	7	①	12	①
3	④	8	④	13	②
4	①	9	③		
5	②	10	②		

第4章

文の内容理解問題

	問題類型	出題問題数	配点
1	対話文の空所完成問題	5	2
2	文章の内容理解問題	2	2
3	対話文の内容理解問題	2	2

文の内容理解に関する問題

1 出題内容

文の内容理解に関する問題は、
①対話文を提示し、空所になっている個所を埋めるのに適切な文を選んで対話文を完成させる問題が5問（配点各2点）、②文章、または対話文を提示し、問いに答える問題が、問題文1つに2問ずつの構成で4問（配点各2点）出題される。

1 対話文の空所完成問題

本試験では大問10の問題として出題される。対話文の内容を理解し、文脈に合わせて空所に適した文を選べるかが問われる問題である。対話文の内容を正しく理解するのに必要な語彙力と文法力が求められる問題である。

2 文章の内容理解問題

本試験の大問11の問題として出題される。文章を読んで、①空所に入る語句を選ぶか、または文の内容についての質問に適した選択肢を選ぶ問題が1問、②文章の内容と一致する選択肢を選ぶ問題が1問の2問セットで構成される。ある程度まとまった文章を読んでその内容を正しく理解できないと、内容と一致する選択肢は選べない。5級レベルの文章が読める語彙力が求められる。

3 対話文の内容理解問題

本試験の大問12の問題として出題される。出題形式は大問11と同じで、対話文を読んで、①空所に入る語句を選ぶ問題が1問、②対話文の内容と一致する選択肢を選ぶ問題が1問の2問セットで構成される。対話文全体の内容が理解できる力と、対話文の空所の前後の文脈に合わせて、空所に適した語句を選べる語彙力、文法表現力が求められる問題である。

2 問題類型

問題類型1　対話文の空所完成問題

・対話文を提示し、文中の空所に入るのに適切な文を選んで完成する問題が5問（配点各2点）出題される。

・問題の対話文は、2行の対話のものが3問、3行の対話のものが2問の割合で構成される。まず提示された対話文を通して、何について話しているか全体の流れを把握しよう。次は空所前後の内容に注意しながら空所にそれぞれの選択肢の文を入れてみて、文脈に合っているかどうかを確認していくとよい。

例題　対話文を完成させるのに最も適切なものを①～④の中から１つ選びなさい。

〈2点 × 5問〉

1) A:(　　　)

B:아니요. 10분도 안 걸려요.

① 언제부터 감기에 걸렸어요?

② 거기에서 몇 시에 만날까요?

③ 호텔은 여기서 멀어요?

④ 몇 분쯤 기다려요?

2) A:(　　　)

B:학교 앞 가게에서 팔아요.

① 거기서는 무엇을 팔아요?

② 그 볼펜 어디서 샀어요?

③ 어느 가게에서 일해요?

④ 그것은 어디서 가르쳐요?

3) A:(　　　)

B:버스를 타고 가요.

① 어디까지 가요?

② 무엇을 타고 왔어요?

③ 지금 무엇을 해요?

④ 회사까지 어떻게 가요?

4) A : 다음 주에 시험이 있어요.

B : (　　　)

A : 아니요. 이번에는 영어 시험이에요.

① 또 한국어 시험을 봐요?

② 이번 주가 아니었어요?

③ 시험이 어렵지 않아요?

④ 매일같이 시험을 봐요?

5) A : 다음 주에 여행을 가죠?

B : (　　　)

A : 그러면 언제 가요?

① 아뇨, 일이 바빠요.

② 네, 친구와 같이 가요.

③ 아뇨, 다음 주가 아니에요.

④ 네, 그렇습니다.

正解 1) ③　2) ②　3) ④　4) ①　5) ②

解説 1) A : (　)

B : いいえ、10分もかかりません。

① いつから風邪をひきましたか。　② そこで何時に会いましょうか。

③ ホテルはここから遠いですか。　④ 何分ぐらい待ちますか。

2) A : (　)

B : 学校の前の店で売っています。

① そこでは何を売っていますか。　② そのボールペンはどこで買いましたか。

③ どこの店で働いていますか。　④ それはどこで教えていますか。

3) A : (　)

B : バスに乗って行きます。

① どこまで行きますか。　② 何に乗って来ましたか。

③ いま何をしていますか。　④ 会社までどのように行きますか。

4) A : 来週、試験があります。

B : (　)

A : いいえ、今回は英語の試験です。

① また韓国語の試験を受けますか。　② 今週ではなかったですか。

③ 試験は難しくないですか。　④ 毎日のように試験を受けますか。

5) A：来週旅行に行きますよね。
B：(　　)
A：では、いつ行きますか。
① いいえ、仕事が忙しいです。　② はい、友だちと一緒に行きます。
③ いいえ、来週ではありません。　④ はい、そうです。

問題類型2　文章の内容理解問題

・文章を読んで問いに答える問題が、問題文1つに2問（配点各2点）の構成で出題される。

・問いは、問題文を読んで①文中の空所に入れるのに適した語句を選ぶか、または文の内容についての質問に適した選択肢を選ぶ問題が1問、②問題文の内容と一致するものを選ぶ問題が1問の2問セットで構成される。

【問1】(　　)に入れるのに適切なものを①～④の中から1つ選びなさい。
【問2】本文の内容と一致するものを①～④の中から1つ選びなさい。

・問題文は、5級レベルの語彙と文法表現を用いた4～5文程度の文章で出題される。【問2】の内容一致の問題は、文を1つ読むごとに選択肢をチェックして判断できるものからマルかバツかをつけておく。【問1】の空所補充問題は、最後まで文章を読んで全体の内容と文脈を考慮して空所に合う選択肢を選ぶ。筆者の職業など内容の部分確認問題になっている場合は文の内容や文中の該当部分に注意して判断する。

例題　文章を読んで問いに答えなさい。　〈2点×2問〉

나는 여행을 좋아합니다. 다음 주에 (　　). 오전 열 시 비행기표를 샀습니다. 제주도에서는 사진도 많이 찍고 생선도 먹고 싶습니다.

【問1】(　　)に入れるのに適切なものを①～④の中から1つ選びなさい。
① 일이 바쁘지 않습니다　② 저녁에 떠납니다
③ 제주도에 갑니다　④ 날씨가 아주 좋습니다

【問2】本文の内容と一致するものを①～④の中から1つ選びなさい。
① 私は写真を撮るのが趣味です。
② 私は済州島に初めて行きます。
③ 明日の朝10時の飛行機に乗ります。
④ 済州島で魚を食べるつもりです。

正解【問1】③　　【問2】④

解説 文章を読んで、問いに答えなさい。

私は旅行が好きです。来週（　　）。午前10時の飛行機のチケットを買いました。済州島では写真もたくさん撮り、魚も食べたいです。

✎ 제주도（済州島＝チェジュド）：韓国南部にある火山島で韓国最大の島。

【問1】（　　）に入れるのに適切なものを①～④の中から１つ選びなさい。

① 仕事は忙しくありません　② 夕方に出発します

③ 済州島へ行きます　④ 天気がとても良いです

問題類型３　対話文の内容理解問題

・対話文を読んで問いに答える問題が、問題文1つに2問（配点各2点）の構成で出題される。

・問いは、対話文を読んで①文中の空所に入れるのに適した語句を選ぶ空所補充問題が1問、②対話文の内容と一致するものを選ぶ内容一致問題が1問の2問セットで構成される。

【問1】(　　)の中に入れるのに適切なものを①～④の中から1つ選びなさい。

【問2】本文の内容と一致するものを①～④の中から1つ選びなさい。

・問題文は、5級レベルの語彙と文法表現が用いられた4～6文程度の対話文で出題される。【問1】の空所補充問題は、質問文に対する適切な応答、または場面や会話の流れに合った適切な質問を選べる力が試される。この【問1】は、たまに文中の指示語「거기、그、그거」(そこ、その、それなど)が指すものは何かを選ぶ形式で出題されることもあるが、問題の性格上、たいてい指示語のすぐ前に答えになるものが出ていることが多い。

・【問2】の内容一致の問題は、文を1つ読むごとに選択肢をチェックして判断できるものからマルかバツかをつけておき、対話文を最後まで読んだ後、総合判断して正解を選ぶようにする。

例題　対話文を読んで、問いに答えなさい。〈2点×2問〉

유카：처음 한국 음식을 만들었어요.

미영：그래요? 무엇을 만들었어요?

유카：국밥을 만들었어요.（　　）

＊＊＊＊＊

미영 : 와, 맛있어요. 무슨 고기를 넣었어요?

유카 : 소고기예요. 소고기 국밥이에요.

미영 : 나는 요리를 잘 못해요. 유카 씨한테 배우고 싶어요.

【問1】 (　　)に入れるのに適切なものを①〜④の中から1つ選びなさい。

① 정말 처음이에요.　② 맛 좀 보세요.
③ 소금을 더 넣을까요?　④ 맛있지요?

【問2】 本文の内容と一致するものを①〜④の中から1つ選びなさい。

① ミヨンは料理を習っています。
② 二人は一緒にクッパを作りました。
③ クッパは牛肉を入れると美味しくなります。
④ ユカは初めてクッパを作りました。

正解【問1】②　【問2】④

解説 対話文を読んで、問いに答えなさい。

ユ　カ：初めて韓国料理を作りました。
ミヨン：そうですか。何を作りましたか。
ユ　カ：クッパを作りました。(　　)

＊＊＊＊＊

ミヨン：わぁ、美味しいです。何の肉を入れましたか。
ユ　カ：牛肉です。牛肉クッパです。
ミヨン：私は料理が下手なんです。ユカさんに習いたいです。

【問1】 (　　)に入れるのに適切なものを①〜④の中から1つ選びなさい。

① 本当に初めてです。
② ちょっと味見してみてください。
③ 塩をもっと入れましょうか。
④ 美味しいでしょう。

1 対話文の空所完成問題

※ 対話文を完成させるのに最も適切なものを①~④の中から1つ選びなさい。

1) ―A：시계를 어디에 놓았어요?

B：(　　　)

☐ ① 지금 12시예요.　② 내 책상 위에요.

③ 2시에 만나겠어요.　④ 가게에서 샀어요.

2) ―A：집에서 누가 제일 키가 커요?

B：(　　　)

☐ ① 모르겠어요.　② 언니보다 내가 커요.

③ 남편이요.　④ 저는 아니에요.

3) ―A：(　　　)

B：아니요, 가깝습니다.

☐ ① 회사는 크지 않아요?　② 식사는 회사에서 해요?

③ 회사까지 어떻게 가요?　④ 회사까지 가깝지 않아요?

4) ―A：(　　　)

B：고등학교에서 영어를 가르쳐요.

☐ ① 언니는 어떤 일을 하세요?　② 몇 살부터 배웠어요?

③ 외국에서 일하세요?　④ 지금 어디에 살아요?

5) ―A：(　　　)

B：네, 하지만 우리 나라보다는 덥지 않아요.

☐ ① 거기도 여름이 짧아요?　② 일본도 비가 많이 와요?

③ 날씨가 너무 나쁘죠?　④ 한국 여름이 덥죠?

➡ 問題類型の解説は89ページへ

6) ― A : (　　　　)

B : 다음 주 토요일이 어때요?

☐ ① 언제 여행을 가요?　② 누구와 만나요?

③ 언제 바다에 갈까요?　④ 언제 전화가 왔어요?

7) ― A : (　　　　)

B : 설탕을 좀 넣으세요.

☐ ① 소금을 넣을까요?　② 맛이 어때요?

③ 무엇으로 만들었어요?　④ 어디에 놓을까요?

8) ― A : (　　　　)

B : 학교 도서관에서요.

☐ ① 고기는 어디서 팔아요?　② 공부는 재미있어요?

③ 어디서 신문을 읽어요?　④ 몇 시에 만나요?

9) ― A : (　　　　)

B : 약은 먹었어요?

☐ ① 머리는 안 아파요.　② 배가 고파요.

③ 병원에서 일해요.　④ 감기에 걸렸어요.

10) ― A : (　　　　)

B : 할머니요.

☐ ① 가족이 몇 명이에요?　② 이것은 누가 만들었어요?

③ 할아버지는 어디 계세요?　④ 드라마를 좋아해요?

11) ― A : (　　　　)

B : 지하철로 가요.

☐ ① 버스로 갔어요?　② 무엇을 타고 왔어요?

③ 시간이 많이 걸려요?　④ 회사까지 어떻게 가요?

➡ 【正答】は106ページ、【解説】は201、202ページへ

1 対話文の空所完成問題

12)— A：(　　　)

B：아뇨, 언니만 있어요.

☐ ① 아이가 몇 명이에요?　② 영화는 누구하고 봐요?

③ 오빠가 있어요?　④ 이분이 어머니예요?

13)— A：(　　　)

B：만나서 반갑습니다.

☐ ① 처음 뵙겠습니다.　② 정말 축하합니다.

③ 몇 시에 만날까요?　④ 식사는 어떻게 할까요?

14)— A：(　　　)

B：저 호텔 옆이에요.

☐ ① 여기가 어디예요?　② 머리가 아파요?

③ 약은 어디서 팔아요?　④ 병원이 어디예요?

15)— A：열 시에 만날까요?

B：(　　　)

A：그래요? 그러면 열 시 삼십 분에 회사로 오세요.

☐ ① 여기서 삼십 분쯤 걸려요.　② 아침을 먹고 가겠어요.

③ 오전에는 일이 좀 바빠요.　④ 저는 열 시 반이 좋아요.

16)— A：집에 안 가요?

B：네, (　　　)

A：그래요? 그럼 내일 또 봐요.

☐ ① 여기가 좋아요.　② 숙제를 했어요.

③ 친구를 기다려요.　④ 나는 택시로 가겠어요.

➡ 【正答】は106ページ、【解説】は202ページへ

17)― A：비가 많이 와요. 우산 가지고 왔어요?
B：아뇨, (　　　)
A：그럼 이것을 쓰세요.

☐ ① 안 샀어요.　② 안 가지고 왔어요.
③ 아침부터 와요.　④ 돈이 없어요.

18)― A：먼저 가겠습니다.
B：(　　　) 내일 또 봐요.
A：네, 안녕히 계세요.

☐ ① 괜찮아요.　② 잠깐만요.
③ 실례합니다.　④ 안녕히 가세요.

19)― A：회사까지 어떻게 와요?
B：(　　　)
A：전철은 안 타요?

☐ ① 버스를 타고 와요.　② 차를 샀어요.
③ 지하철을 탔어요.　④ 택시는 비싸요.

20)― A：오늘 저녁에 시간 있어요? 술을 마시고 싶어요.
B：미안해요. (　　　)
A：그러면 시험 끝나고 마실까요?

☐ ① 나는 커피가 좋아요.　② 약을 먹고 있어요.
③ 숙제가 많아요.　④ 내일 시험이 있어요.

21)― A：내일은 뭐 해요?
B：(　　　)
A：어디 아파요?

☐ ① 감기에 걸렸어요.　② 오전에 병원에 가요.
③ 가게에서 일해요.　④ 축구를 봐요.

➡ 【解説】は202、203ページへ

2 文章の内容理解問題

1 文章を読んで、問いに答えなさい。

나는 대학에서 영어를 공부합니다. 언니는 회사에서 일합니다. 나도 언니도 여행을 좋아합니다. 이번 여름에 (　　　) 외국으로 여행을 갑니다. 그 나라 음식을 많이 먹고 싶습니다.

【問１】(　　)に入れるのに適切なものを①～④の中から１つ選びなさい。

☐　① 다시　② 먼저　③ 모두　④ 같이

【問２】本文の内容と一致するものを①～④の中から１つ選びなさい。

☐　① 姉は英語を勉強しています。
② 私は秋に旅行に行きます。
③ 私と姉の趣味は同じです。
④ 私は韓国の料理が食べたいです。

2 文章を読んで、問いに答えなさい。

저는 유미입니다. 일본 사람입니다. 지난달에 한국에 왔습니다. 저는 한국 음식을 아주 좋아합니다. (　　　) 잘 만들지는 못합니다. 이번 달부터 요리 공부를 시작했습니다.

【問１】(　　)に入れるのに適切なものを①～④の中から１つ選びなさい。

☐　① 천천히　② 하지만　③ 그러면　④ 그리고

【問２】本文の内容と一致するものを①～④の中から１つ選びなさい。

☐　① ユミは昨年から韓国にいます。
② ユミは料理を作るのが得意です。
③ ユミはいま料理の勉強をしています。
④ ユミは韓国料理教室を開くのが夢です。

➡ 問題類型の解説は91ページへ

3 文章を読んで、問いに答えなさい。

우리 집 앞에는 우체국이 있습니다. 거기서는 편지도 보내고 돈도 찾습니다. 우표도 팝니다. 아침 아홉 시에 일을 시작합니다. 월요일부터 금요일까지 (　　).

【問１】(　　)に入れるのに適切なものを①～④の中から１つ選びなさい。

□ ① 일이 끝납니다　② 차를 세웁니다
③ 생각합니다　④ 문을 엽니다

【問２】本文の内容と一致するものを①～④の中から１つ選びなさい。

□ ① 郵便局は家から近いです。
② 郵便局では送金もできます。
③ 切手は郵便局以外では買えません。
④ 手紙は朝9時から配達を始めます。

4 文章を読んで、問いに答えなさい。

저는 아들과 딸이 있습니다. 딸은 지금 일곱 살입니다. 노래를 아주 잘합니다. 아들은 (　　). 딸보다 네 살 많습니다. 키가 크고 운동도 잘합니다. 일주일에 한 번 야구를 합니다.

【問１】(　　)に入れるのに適切なものを①～④の中から１つ選びなさい。

□ ① 동생이 없습니다　② 열한 살입니다
③ 친구와 놉니다　④ 잘 가르칩니다

【問２】本文の内容と一致するものを①～④の中から１つ選びなさい。

□ ① 娘は背が高いです。
② 息子は歌が得意です。
③ 娘は4歳です。
④ 息子は毎週野球をします。

➡ 【正答】は106ページ、【解説】は203、204ページへ

2 文章の内容理解問題

5 文章を読んで、問いに答えなさい。

저는 축구를 좋아합니다. 일주일에 한 번 축구를 합니다만 잘 못합니다. (　　　) 제 친구는 축구를 정말 잘합니다. 저도 그 친구같이 잘하고 싶습니다.

【問１】（　　）に入れるのに適切なものを①〜④の中から１つ選びなさい。

☐　① 그러면　② 그리고　③ 그런데　④ 그래요

【問２】 本文の内容と一致するものを①〜④の中から１つ選びなさい。

☐　① 私は友だちとサッカーがしたいです。
② 私はサッカーがうまくなりたいです。
③ 私はサッカー好きで毎日やっています。
④ 私はサッカー選手になるつもりです。

6 文章を読んで、問いに答えなさい。

나와 친구는 한국 노래를 좋아합니다. 우리는 토요일 오후에 두 시간 노래 교실에서 노래를 배웁니다. 나는 노래를 잘 못합니다만 내 친구는 (　　　).

【問１】（　　）に入れるのに適切なものを①〜④の中から１つ選びなさい。

☐　① 잘합니다　② 잘 가르칩니다
③ 재미있습니다　④ 너무 못합니다

【問２】 本文の内容と一致するものを①〜④の中から１つ選びなさい。

☐　① 私は韓国の歌が得意です。
② 私たちは歌を教えています。
③ 私たちは土曜日に歌の教室に行きます。
④ 友だちは韓国の歌が好きではありません。

➡ 【正答】は106ページ、【解説】は204ページへ

7 文章を読んで、問いに答えなさい。

나는 회사에서 일합니다. 아침에는 여섯 시에 일어납니다. 제일 먼저 신문을 읽습니다. 그리고 빵과 우유를 마십니다. 일곱 시 반에 지하철을 타고 회사에 갑니다. 아홉 시부터 (　　　).

【問１】（　　）に入れるのに適切なものを①～④の中から１つ選びなさい。

☐ ① 커피를 마십니다　② 수업을 합니다　③ 문을 엽니다　④ 일을 시작합니다

【問２】本文の内容と一致するものを①～④の中から１つ選びなさい。

☐
① 会社までは地下鉄で1時間半かかります。
② 朝は新聞を読んでから朝食を食べます。
③ 私は新聞社で働いています。
④ 私は7時半に会社に着きます。

8 文章を読んで、問いに答えなさい。

나는 작년까지는 대학생이었습니다. 올해 봄부터 공항에서 일합니다. 취미는 여행입니다. 외국에 많이 가고 싶습니다. 주말에는 친구들과 놉니다. 야구도 하고 축구도 합니다.

【問１】筆者の職業を①～④の中から１つ選びなさい。

☐ ① パイロット　② スポーツ選手　③ 会社員　④ 学生

【問２】本文の内容と一致するものを①～④の中から１つ選びなさい。

☐
① 私は、週末は子供と遊びます。
② 私は外国によく行きます。
③ 私は大学で旅行を勉強しました。
④ 私は週末によく運動をします。

➡ 【解説】は205ページへ

3 対話文の内容理解問題

1 対話文を読んで、問いに答えなさい。

기준: 돈을 찾고 싶어요. 은행이 어디에 있죠?

혜미: 여기는 은행이 없어요.

기준: 그럼 (　　　)?

혜미: 다음 역 앞에 은행이 있어요. 거기서 찾아요.

기준: 여기서 멀어요?

혜미: 아뇨, 멀지 않아요. 전철로 4분쯤 걸려요.

【問１】(　　)に入れるのに適切なものを①～④の中から１つ選びなさい。

☐ ① 역은 어디예요　　② 어떻게 돈을 찾죠

③ 여기서 어떻게 가요　　④ 여기서 몇 분 걸려요

【問２】本文の内容と一致するものを①～④の中から１つ選びなさい。

☐ ① ヘミは会社に電車で通っています。

② キジュンは銀行でお金をおろしました。

③ ヘミは銀行で働いています。

④ キジュンは銀行を探しています。

2 対話文を読んで、問いに答えなさい。

민수: 오늘 일이 몇 시에 끝나요?

유미: 오후 여섯 시에 끝나요.

민수: 그럼 일 끝나고 같이 저녁 먹을까요?

유미: 네, 좋아요. (　　　)?

민수: 역 앞의 서울 식당이 어때요?

유미: 알았어요. 여섯 시 반에 거기로 가겠어요.

➡ 問題類型の解説は92ページへ

【問１】(　　)に入れるのに適切なものを①～④の中から１つ選びなさい。

☐ ① 어디서 만날까요　　② 무엇을 먹어요
③ 무슨 음식이 맛있어요　　④ 식당이 어디에 있어요

【問２】本文の内容と一致するものを①～④の中から１つ選びなさい。

☐ ① 二人は午後6時に会います。
② ユミはミンスを食事に誘いました。
③ 二人は今日一緒に食事をします。
④ ミンスは午後6時に仕事が終わります。

3 対話文を読んで、問いに答えなさい。

가게: 손님, 뭘 찾으세요?
미연: 선물을 좀 사고 싶어요. 내일이 우리 딸 생일이에요.
가게: 생일 축하합니다. (　　　)?
미연: 올해부터 초등학교에 다녀요.
가게: 그럼 이 연필과 노트는 어떠세요? 이것은 초등학교 아이들이 아주 좋아해요.
미연: 그래요? 얼마예요?
가게: 이 연필은 팔천 원이고 노트는 오천 원이에요.
미연: 그럼 그 연필하고 노트를 주세요.

【問１】(　　)に入れるのに適切なものを①～④の中から１つ選びなさい。

☐ ① 몇 살이에요　　② 이번이 몇 번째예요
③ 생일이 언제예요　　④ 어느 학교에 다녀요

【問２】本文の内容と一致するものを①～④の中から１つ選びなさい。

☐ ① ミヨンが14,000ウォン払いました。
② ミヨンの娘は今年小学校に入りました。
③ ミヨンは子供から鉛筆とノートを頼まれました。
④ ミヨンは息子へのプレゼントを買いました。

➡ 【正答】は106ページ、【解説】は205、206ページへ

3 対話文の内容理解問題

4 対話文を読んで、問いに答えなさい。

수민: 그 가방 어디서 샀어요?
호준: 지난주에 역 앞의 가방 가게에서 샀어요. 컴퓨터와 교과서를 넣고 다녀요.
수민: (　　　)?
호준: 십만 원에 샀어요. 좀 비싸요.
수민: 좀 비쌉니다만 나도 사고 싶어요.

【問１】(　　)に入れるのに適切なものを①～④の中から１つ選びなさい。

☐ ① 좀 작지 않아요　② 어디에 넣어요
③ 그거 얼마였어요　④ 누가 만들었어요

【問２】本文の内容と一致するものを①～④の中から１つ選びなさい。

☐ ① ホジュンは少し高いパソコンを買いました。
② 二人は同じ会社に勤めています。
③ スミンもパソコンを買うつもりです。
④ ホジュンは先週カバンを買いました。

5 対話文を読んで、問いに答えなさい。

민수: 어디서 한국어 공부를 해요?
유카: 도서관에서 해요.
민수: 어떻게 공부를 해요?
유카: (　　　).
민수: 드라마는 안 봐요?
유카: 아뇨, 드라마는 집에서 봐요.

【問１】(　　)に入れるのに適切なものを①～④の中から１つ選びなさい。

☐ ① 친구에게 가르쳐요　② 책도 읽고 신문도 읽어요
③ 친구와 같이 이야기를 해요　④ 영화를 보고 웃어요

➡ 【正答】は106ページ、【解説】は206、207ページへ

【問２】本文の内容と一致するものを①～④の中から１つ選びなさい。

☐ ① ユカは図書館で韓国語を勉強します。

② ミンスはドラマは見ません。

③ 二人は一緒に韓国語の勉強をします。

④ ユカは韓国のドラマも映画も好きです。

6 対話文を読んで、問いに答えなさい。

서준: 회사는 몇 시에 일을 시작해요?

지윤: (　　　). 그리고 오후 여섯 시에 끝나요.

서준: 낮에 식사는 어디서 해요?

지윤: 회사에 식당이 있어요. 거기서 먹어요.

서준: 음식은 맛있어요?

지윤: 값도 싸고 아주 맛있어요.

【問１】(　　)に入れるのに適切なものを①～④の中から１つ選びなさい。

☐ ① 오전 열 시에 일어나요　　② 세 시간쯤 일해요

③ 월요일부터 금요일까지예요　　④ 아침 아홉 시부터예요

【問２】本文の内容と一致するものを①～④の中から１つ選びなさい。

☐ ① ソジュンの会社には食堂があります。

② チユンは6時まで仕事をします。

③ 二人は一緒に働いています。

④ 二人は社員食堂で昼食を食べます。

➡ 【解説】は207ページへ

1 対話文の空所完成問題 / 2 文章の内容理解問題　正答

➡ 1 対話文の空所完成問題は94ページ、解説は201ページへ、
2 文章の内容理解問題は98ページ、解説は203ページへ

1 対話文の空所完成問題			
問題	正答	問題	正答
1	②	12	③
2	③	13	①
3	④	14	④
4	①	15	④
5	④	16	③
6	③	17	②
7	②	18	④
8	③	19	①
9	④	20	④
10	②	21	②
11	④		

2 文章の内容理解問題					
問題		正答	問題		正答
1	【問1】	④	5	【問1】	③
	【問2】	③		【問2】	②
2	【問1】	②	6	【問1】	①
	【問2】	③		【問2】	③
3	【問1】	④	7	【問1】	④
	【問2】	①		【問2】	②
4	【問1】	②	8	【問1】	③
	【問2】	④		【問2】	④

3 対話文の内容理解問題　正答

➡ 3 対話文の内容理解問題は102ページ、解説は205ページへ

3 対話文の内容理解問題					
問題		正答	問題		正答
1	【問1】	②	4	【問1】	③
	【問2】	④		【問2】	④
2	【問1】	①	5	【問1】	②
	【問2】	③		【問2】	①
3	【問1】	①	6	【問1】	④
	【問2】	②		【問2】	②

※ 全問正解になるまで繰り返し練習をしてください。

第5章

聞き取り問題

	問題類型	出題問題数	配点
1	イラスト問題	3	2
2	数詞の聞き取り問題	4	2
3	応答文選択問題（1）	4	2
4	応答文選択問題（2）	4	2
5	文の内容一致問題	5	2

聞き取りに関する問題

1 出題内容

聞き取り問題は、

イラスト問題が3問、数詞の聞き取り問題が4問、応答文選択問題（1）が4問、応答文選択問題（2）が4問、文の内容一致問題が5問の20問構成で出題される。配点はすべて2点ずつで、合計40点で満点、試験時間は30分となっている。

1 イラスト問題

イラストを見て、イラストが表わしている状況や内容は何かを選択肢を聞いて選ぶ問題が3問（配点各2点）出題される。イラストは問題冊子で示され、選択肢は放送で示される。

2 数詞の聞き取り問題

放送で読まれる文中の数詞を聞いて、その数詞の読みに合う選択肢を選ぶ問題が4問（配点各2点）出題される。選択肢は問題冊子にアラビア数字で示される。

3 応答文選択問題（1）

問いかけなどの文を聞いて、その応答文として適切な選択肢を選ぶ問題が4問（配点各2点）出題される。問題の問いかけの文は放送で、選択肢は問題冊子で示される。

4 応答文選択問題（2）

問題冊子に示された問いかけなどの文に適した応答文を、放送で読み上げる選択肢の中から選ぶ形式の問題が4問（配点各2点）出題される。

5 文の内容一致問題

対話文を聞いて、その内容と一致する選択肢を選ぶ問題が5問（配点各2点）出題される。問題の対話文は放送で、選択肢の文は日本語で問題冊子に示される。

2 問題類型

問題類型 1　イラスト問題

・問題冊子に示されたイラストが表わしている状況や内容は何かを、選択肢を聞いて選ぶ問題が3問（配点各2点）出題される。

・問題は、1）この絵は何か、2）どんな位置関係にあるか、3）何をしているか、の3問で構成される。

【問題の構成例】

1）① 이것은 고양이입니다.　② 이것은 돼지입니다.
　　③ 이것은 치마입니다.　④ 이것은 바지입니다.
2）① 의자 밑에 연필이 있습니다.　② 책상 위에 연필이 있습니다.
　　③ 의자 밑에 고양이가 있어요.　④ 의자 뒤에 고양이가 있어요.
3）① 축구를 해요.　② 야구를 해요.
　　③ 신문을 읽어요.　④ 빵을 만들어요.

・選択肢の放送が流れる前に、問題冊子のイラストを見て、1）何の絵か、2）ものの位置関係は、3）何をしているかの情報を把握しておく。選択肢を聞きながらイラストに描かれている情報と一致するものを順番に判断する。

例題　選択肢を２回ずつ読みます。絵の内容に合うものを①～④の中から１つ選んでください。〈2点 × 3問〉

1）

【放送】

① 이것은 개입니다.
② 이것은 새입니다.
③ 이것은 닭입니다.
④ 이것은 소입니다.

第5章 聞き取り

2)

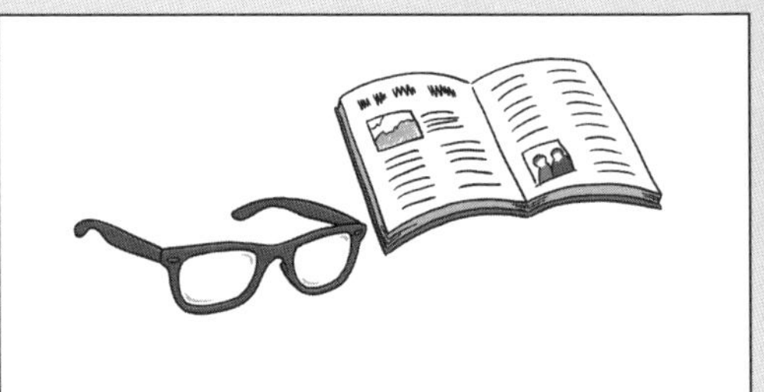

【放送】

① 책 위에 연필이 있어요.

② 책 옆에 연필이 있어요.

③ 책 밑에 안경이 있어요.

④ 책 옆에 안경이 있어요.

3)

【放送】

① 전화를 해요.

② 버스를 타요.

③ 과일을 먹어요.

④ 생선을 사요.

正解 1) ① 2) ④ 3) ①

解説 1) ① これは犬です。 ② これは鳥です。
③ これは鶏です。 ④ これは牛です。

2) ① 本の上に鉛筆があります。 ② 本の隣に鉛筆があります。
③ 本の下に眼鏡があります。 ④ 本の隣に眼鏡があります。

3) ① 電話をします。 ② バスに乗ります。
③ 果物を食べます。 ④ 魚を買います。

問題類型2　数詞の聞き取り問題

・短文を2回聞いて、空所の部分で読まれた数詞を選ぶ問題が4問(各2点)出題される。

・問題は、1) は1〜99までの漢数詞の読み、2) は1〜20までの固有数詞の読み、3) は百、千、万単位の漢数詞の読み、4) は月日の読み、の4問で構成される。

【問題の構成例】

1) 나는 아파트 (십칠)층에 살아요.
수업 시간은 (육십)분입니다.
2) 우리 아이는 (네)살이에요.
친구와 (여섯)시에 만납니다.
3) 냉면은 (오천)원입니다.
이 구두는 (삼만)원이에요.
4) 나는 (팔월 십 일)에 한국에 갑니다.
내 생일은 (십일월 이십삼 일)입니다.

・選択肢の放送が流れる前に、選択肢の数の読みを確認しておいて、空所の部分の読みを集中して聞くようにしよう。数詞は単位を表す名詞とともに出題されるので、数詞と単位を表わす名詞の間で生じる連音化による音変化には注意を要する。

例題　短い文を2回読みます。(　　)の中に入れるのに適切なものを①〜④の中から1つ選んでください。〈2点×4問〉

【放送】
1) 친구는 저 아파트 (십육)층에 살아요.

① 17　② 15　③ 18　④ 16

【放送】
2) 금요일 수업은 (열두)시에 끝나요.

① 12　② 5　③ 6　④ 11

【放送】
3) 이 소금은 (팔천)원입니다.

① 900　② 3,000　③ 8,000　④ 20,000

【放送】
4) 나는 (시월 이십 일)에 중국에 갑니다.

① 4월 21일　② 10월 20일　③ 5월 30일　④ 3월 22일

正解 1) ④　2) ①　3) ③　4) ②

解説 1) 友だちはあのマンションの（　16　）階に住んでいます。
① 17　② 15　③ 18　④ 16
2) 金曜日の授業は（　12　）時に終わります。
① 12　② 5　③ 6　④ 11
3) この塩は（　8,000　）ウォンです。
① 900　② 3,000　③ 8,000　④ 20,000
4) 私は（　10月20日　）に中国へ行きます。
① 4月21日　② 10月20日　③ 5月30日　④ 3月22日

合格資料－２０　５級出題範囲の数詞

【１】漢数詞は、１～９９までのあらゆる組合せが出題される。

1	2	3	4	5	6	7	8	9
일	이	삼	사	오	육	칠	팔	구
10	20	30	40	50	60	70	80	90
십	이십	삼십	사십	오십	육십	칠십	팔십	구십

【例】１８（십팔）、９６（구십육）、５４（오십사）、３０（삼십）など

【２】漢数詞の百、千、万の位も出題される。ただ、800（팔백）、6,000（육천）、70,000（칠만)」のように、位の前に数詞が１つだけ付いた形のみで出題される。

【例】５００（오백）、８,０００（팔천）、６０,０００（육만）のように出題される。
７８０、９,５００、６３,０００などのような形では出題されない。

【３】固有数詞は、１～２０まで出題される。

1	2	3	4	5	6	7	8	9	10
하나 (한)	둘 (두)	셋 (세)	넷 (네)	다섯	여섯	일곱	여덟	아홉	열
11	12	13	14	15	16	17	18	19	20
열하나 (열한)	열둘 (열두)	열셋 (열세)	열넷 (열네)	열다섯	열여섯	열일곱	열여덟	열아홉	스물 (스무)

※（　）は連体形。単位名詞の前で連体形として用いられるときは変形になる。

【例】하나 / 한 개:一つ / 1個、둘 / 두 번:二つ / 2回、셋 / 세 권:三つ / 3冊、
넷 / 네 시:四つ/ 4時、열하나 / 열한 명:十一 / 11名、스물 / 스무 살:二十 / 20歳

【4】問題の数詞はすべて単位名詞と結合した形で出題される。単位名詞を見て、漢数詞に接続するものか固有数詞に接続するものか、接続関係を覚えておこう。

漢数詞に接続の単位名詞				固有数詞に接続の単位名詞					
년	年	월	月	개	個	명	人	살	歳
분	分	일	日	권	冊	번	度(回)	시	時
엔	円	주	週	달	ヶ月	장	枚	시간	時間
원	ウォン	층	階	마리	匹	분	名様	번째	番目

【注意】①「6月」は「육월」ではなく「유월」、「10月」は「십월」ではなく「시월」と読む。
② 時刻を表わす「시(時)」は固有数詞で、「분(分)」は漢数詞で読む。
4時37分:네 시 삼십칠 분 、12時21分:열두 시 이십일 분

合格資料－21 数詞の練習

※次の数詞の読みを書いてみよう。 ➡ 解答は208ページへ

	問題		読み
1	18층	18階	십팔 층
2	18살	18歳	
3	60,000원	6万ウォン	
4	11월 23일	11月23日	
5	90분	90分	
6	20살	20歳	
7	8,000원	8千ウォン	
8	10월 20일	10月20日	
9	97년	97年	
10	9권	9冊	
11	600명	600名	
12	14분	14分	
13	7번째	7番目	
14	12시	12時	
15	4시 56분	4時56分	

問題類型3　応答文選択問題（1）

・短い問いかけやあいさつなどの文を聞いて、その応答文として適切な選択肢を選ぶ問題が4問（配点各2点）出題される。

・問いかけの問題文は、いつ、どこで、誰が、何を、なぜ、どうやってのように、時間や場所、人、目的、理由、方法、確認など、何について問いかけているのかを把握し、それぞれの問いかけの内容に適した応答文であるかを選択技を読んで判断する。

・あいさつなどの表現は定型化した応答表現がある場合が多いので、70ページの「5級出題範囲のあいさつ・あいづちなどの表現」を参考に、それぞれのあいさつの状況や場面に適した応答の表現を判断し、選ぶようにする。

例題　問いかけなどの文を２回読みます。その応答文として最も適切なものを①～④の中から１つ選んでください。　〈2点 × 4問〉

【放送】
1) 처음 뵙겠습니다.

① 오래간만입니다.　② 축하합니다.
③ 반갑습니다.　④ 또 봐요.

【放送】
2) 수업은 언제 시작해요?

① 봄이 끝나요.　② 대학생입니다.
③ 잘 부탁합니다.　④ 모레부터요.

【放送】
3) 이 아이는 몇 살이에요?

① 일곱 살입니다.　② 의사예요.
③ 저분이에요.　④ 이준기라고 합니다.

【放送】
4) 저 분이 누구시죠?

① 아주 잘해요.　② 저기가 아니에요.
③ 저도 좋아해요.　④ 저도 모르겠어요.

正解　1) ③　2) ④　3) ①　4) ④

解説　1) はじめまして。
① お久しぶりです。　② おめでとうございます。
③ (お会いできて) うれしいです。　④ また会いましょう。/ ではまた…。

2) 授業はいつ始まりますか。
① 春が終わります。　② 大学生です。
③ よろしくお願いします。　④ あさってからです。

3) この子は何歳ですか。
① 七歳です。　② 医者です。
③ あの方です。　④ イジュンギと言います。

4) あの方はどなたですか。
① とても上手です。　② あそこではありません。
③ 私も好きです。　④ 私も分かりません。

合格資料－22　頻出する問いかけなどの表現と応答表現(1)

	問いかけなどの表現	応答の表現
1	생일이 언제지요? 誕生日はいつですか。	(시월 육 일)이에요. (10月6日) です。
2	몇 살이에요? 何歳ですか。	아홉 / 열여덟 / 스무 살이에요. 9 / 18 / 20歳です。
3	취미가 무엇이에요? 趣味は何ですか。	야구/ 축구예요. 野球 / サッカーです。
4	저 사람이 누구지요? あの人は誰ですか。	우리 오빠예요. うちの兄です。
5	은행이 어디예요? 銀行はどこですか。	저기 병원 옆이에요. あそこの病院の隣です。
6	몇 명이에요? / 몇 분이세요? 何名ですか。	다섯 사람이에요. / 다섯 명이에요. 5人です。
7	맛이 어때요? 味はどうですか。	맛있어요. 美味しいです。
8	결혼(생일) 축하해요. 結婚 (誕生日) おめでとうございます。	고맙습니다. / 감사합니다. ありがとうございます。
9	학생이세요? 学生ですか。	아뇨, 학생이 아니에요. いいえ、学生ではありません。
10	이것은 얼마예요? これはいくらですか。	구천 / 칠만 원이에요. 9千 / 7万ウォンです。
11	시험이 언제지요? 試験はいつですか。	내일이에요. / 월요일부터에요. 明日です。/ 月曜日からです。
12	날씨가 어때요? 天気はどうですか。	나빠요. / 눈·비가 와요. 悪いです。/ 雪・雨が降っています。
13	저분이 누구시죠? あの方はどなたですか。	저도 모르겠어요. 私も分かりません。

14	무엇을 시킬까요? 何を注文しましょうか。	냉면 / 비빔밥 / 불고기가 어때요? 冷麺 / ビビンバ / 焼肉はどうですか。
15	손님, 무엇을 찾으세요? お客さま、何かお探しですか。	치마를 하나 사고 싶어요. スカートが一つ欲しいのですが。
16	어디에서 왔어요? どこから来ましたか。	일본 / 한국 / 중국에서 왔어요. 日本 / 韓国 / 中国から来ました。
17	언제 시작해요? いつ始めますか。	내일 / 모레부터요. 明日 / あさってからです。
18	어디가 아픕니까? どこが痛いですか。	머리 / 배 / 다리 / 팔 / 허리가 아파요. 頭 / 腹 / 足 / 腕 / 腰が痛いです。
19	언제 오셨어요? いつ来られましたか。	어제 왔어요. 昨日来ました。
20	누구를 만났어요? 誰に会いましたか。	친구를 만났어요. / 친구요. 友だちに会いました。/ 友だちです。
21	무슨 음식을 좋아해요? どんな料理が好きですか。	비빔밥 / 냉면 / 불고기를 좋아해요. ビビンバ / 冷麺 / 焼肉が好きです。
22	회사 / 학교 / 역까지 가깝습니까? 会社/学校/駅まで近いですか。	아뇨, 멀어요. / 멉니다. いいえ、遠いです。
23	학교까지 멀어요? 学校まで遠いですか。	아뇨, 가깝습니다. いいえ、近いです。
24	여기 앉으세요. こちらへお座りください。	네, 고맙습니다. はい、ありがとうございます。
25	여기, 소금 / 설탕 좀 주세요. ここ、塩 / 砂糖をください。	네, 여기 있어요. はい、どうぞ。
26	고맙습니다. ありがとうございます。	천만에요. どういたしまして。
27	죄송합니다. / 미안합니다. 申し訳ありません。/ すみません。	괜찮아요. 大丈夫です / 気にしないでください。
28	만나서 반갑습니다. お会いできてうれしいです。	잘 부탁합니다. よろしくお願いします。
29	처음 뵙겠습니다. 初めまして。	(만나서) 반갑습니다. (お会いできて) うれしいです。
30	오래간만입니다. お久しぶりです。	반갑습니다. / 반가워요. (お会いできて) うれしいです。
31	또 만나요. また会いましょう。	네, 또 봐요. はい、また会いましょう。
32	안녕히 계세요. さようなら。(その場に残っている人に)	안녕히 가세요. さようなら。(先に去っていく人に)
33	정말 고맙습니다. / 감사합니다. 本当にありがとうございます。	천만에요. どういたしまして。

問題類型4　応答文選択問題（2）

・選択肢を聞いて、問題冊子に示された問いかけの文の応答文として適切なものを選ぶ問題が4問（配点各2点）出題される。前の応答文選択問題(1)とは内容的には同じだが、問いかけの文が放送で示されるか選択肢が放送で示されるかの問題の示し方が反対になっている点が異なる。

・問いかけの文が問題冊子に示されているので、前もって答えになりそうな応答文を想定しておくことができる。まず問題文は、時間や場所、人、目的、理由、方法、確認など、何について問いかけているのかを把握し、その問いかけの内容に適した応答の表現はどれかを、選択肢を聞きながら順番に判断する。

例題　①～④の選択肢を２回ずつ読みます。応答文として最も適切なものを１つ選んでください。〈2点 × 4問〉

1）男：거기 날씨는 어때요?
　女：（　　　　）
【放送】① 우산이 없어요.　② 눈이 많이 와요.
　　　③ 아주 비싸요.　④ 오늘은 바빠요.

2）男：여기요, 냉면 하나 주세요.
　女：（　　　　）
【放送】① 잘 부탁합니다.　② 저도 먹고 싶어요.
　　　③ 하나 더 시키세요.　④ 네, 알겠습니다.

3）女：국 맛이 어때요? 소금을 좀 넣을까요?
　男：（　　　　）
【放送】① 아뇨, 덥지 않아요.　② 네, 아주 맛있어요.
　　　③ 아뇨, 괜찮아요.　④ 네, 빨리 내리세요.

4）女：어서 오세요. 몇 분이세요?
　男：（　　　　）
【放送】① 일곱 명이에요.　② 일곱 권이에요.
　　　③ 일곱 장이에요.　④ 일곱 살이에요.

正解　1）②　2）④　3）③　4）①

解説 1) 男：そちらの天気はどうですか。
女：(　　　　)
① 傘がありません。　② 雪がたくさん降っています。
③ とても(値段が)高いです。　④ 今日は忙しいです。

2) 男：すみません。冷麺1つください。
女：(　　　　)
① よろしくお願いします。　② 私も食べたいです。
③ もう1つ注文してください。　④ はい、かしこまりました。

3) 女：スープの味はどうですか。塩を少し入れましょうか。
男：(　　　　)
① いいえ、暑くないです。　② はい、とても美味しいです。
③ いいえ、大丈夫です。　④ はい、早く降りてください。

4) 女：いらっしゃいませ。何名様ですか。
男：(　　　　)
① 7人です。　② 7冊です。
③ 7枚です。　④ 7歳です。

合格資料－２３　頻出する問いかけなどの表現と応答表現(2)

	問いかけなどの表現	応答の表現
1	매일 몇 시에 일어나요? 何時に起きますか。	여섯 시에요. 6時です。
2	지금 무엇을 하세요? いま何をしていますか。	시험 공부를 해요. 試験勉強をしています。
3	지금 거기 날씨는 어때요? いまそちらの天気はどうですか。	아주 덥습니다. とても暑いです。
4	화장실이 어디예요? トイレはどこですか。	저기예요. あそこです。
5	손님, 어디까지 가세요? お客様、どちらまで行かれますか。	서울병원까지 부탁드려요. ソウル病院までお願いします。
6	정말 오래간만입니다. 本当にお久しぶりです。	반가워요. (久しぶりにお会いできて) うれしいです。
7	어떻게 생각하세요? どう思われますか。	잘 모르겠어요. よくわかりません。
8	일본 분이세요? 日本の方ですか。	네, 일본 사람이에요. はい、日本人です。
9	저분이 영어 선생님이죠? あの方は英語の先生ですよね。	네, 맞아요. はい、そうです。
10	무엇으로 하겠어요? 何になさいますか。	나는 냉면을 먹고 싶어요. 私は冷麺が食べたいです。
11	무엇을 타고 갑니까? 何に乗って行きますか。	택시로 가요. タクシーで行きます。

12	가방은 어디에 있어요? カバンはどこにありますか。	책상 밑에요. 机の下です。
13	무슨 문제가 어렵습니까? どんな問題が難しいですか。	다 쉽습니다. 全部易しいです。
14	만나서 반갑습니다. お会いできてうれしいです。	예, 잘 부탁합니다. はい、よろしくお願いします。
15	좀 늦었어요. 미안해요. 少し遅れました。すみません。	괜찮아요. 大丈夫です。
16	김 선생님 계십니까? 金先生はいらっしゃいますか。	네, 좀 기다리세요. はい、ちょっとお待ちください。
17	많이 춥죠? とても寒いでしょう。	괜찮아요. 大丈夫です。
18	여기요, 물 좀 주세요. すみません。ちょっと水をください。	네, 알겠습니다. はい、わかりました。(かしこまりました。)
19	여기, 소금 좀 주세요. すみません。ちょっと塩をください。	네, 여기 있어요. はい、どうぞ。
20	언제 결혼하세요? いつ結婚されますか。	다음달예요. 来月です。
21	같이 식사할까요? 一緒に食事しましょうか。	좋아요. 뭐 먹을까요? いいですよ。何を食べましょうか。
22	무엇을 선물할까요? 何をプレゼントしましょうか。	책이 어때요? 本はどうですか。
23	커피에 설탕을 넣을까요? コーヒーに砂糖を入れましょうか。	네, 고마워요. はい、お願いします。(ありがとうございます。)
24	무엇을 시킬까요? 何を注文しましょうか。	이것으로 하겠습니다. これにします。
25	서울에 몇 번 왔어요? ソウルに何回来ましたか。	이번이 처음이에요. 今回が初めてです。
26	시험 잘 봤어요? 試験はうまくいきましたか。	네, 잘 봤어요. はい、うまくいきました。
27	병원에는 왜 다니세요? どうして病院に通っていますか。	허리가 아파요. 腰が痛いです。
28	오늘이 생일이지요? 今日が誕生日ですよね。	오늘이 아니라 내일이에요. 今日ではなく明日です。
29	언니도 한국에 사세요? お姉さんも韓国にお住まいですか。	아뇨, 일본에 살아요. いいえ、日本に住んでいます。
30	한국 드라마 볼까요? 韓国ドラマを見ましょうか。	네, 좋지요. はい、いいですよ。
31	오후부터 비가 와요. 午後から雨が降ります。	우산 있어요? 傘、持っていますか。

問題類型5　文の内容一致問題

・対話文を聞いて、その内容と一致する選択肢を選ぶ問題が5問(各2点)出題される。問題文は2回読まれる。

・選択肢は日本語で問題冊子に示されているので、問題文が放送される前に選択肢を読んで一致するかしないか判断すべき内容を把握しておく。問題文の内容の中で特に注意して聞くべきところがわかれば、選択肢の内容が一致するものなのかどうかが判断しやすい。対話文を聞きながら選択肢で示されている情報と一致するものを順番に判断していく。

例題　対話文を2回読みます。その内容と一致するものを①～④の中から1つ選んでください。　〈2点 × 5問〉

【放送】

1) 男：1시가 지났어요. 식사 안 해요?

女：일이 안 끝났어요.

① 男性は食事を済ませています。

② 二人は一緒に仕事をしています。

③ 男性は女性を食事に誘っています。

④ 女性はまだ食事をしていません。

【放送】

2) 男：한국에 언제 왔어요?

女：작년 봄에 가족과 같이 왔어요.

① 女性は昨年韓国に行ったことがあります。

② 女性は家族と韓国に来ました。

③ 女性は昨年の春韓国から来ました。

④ 女性は昨年の秋から韓国で暮らしています。

【放送】

3) 男：토요일에 시간 있어요? 같이 산에 갈까요?

女：네, 좋아요. 어느 산으로 갈까요?

① 二人は週末に山で会うことにしました。

② 男性は時間があるときは山に行きます。

③ 二人は週末に山に行くつもりです。

④ 二人は同じ趣味を持っています。

【放送】

4) 男：뭐 시킬까요?

女：나는 냉면을 먹고 싶어요.

男：그래요? 그럼 나도 그것으로 하겠어요.

① 二人は同じものを注文します。

② 男性は何を食べるか迷っています。

③ 二人は別々のものを注文します。

④ 女性は男性に注文を頼んでいます。

【放送】

5) 女：이번 주 토요일에 같이 영화 볼까요?

男：토요일에는 일이 있어요. 일요일은 어때요?

女：괜찮아요. 몇 시에 만날까요?

① 二人は土曜日に映画を見る予定です。

② 女性は毎週、週末は暇です。

③ 男性は週末が休みではありません。

④ 二人は日曜日に会う約束をしました。

正解 1) ④　2) ②　3) ③　4) ①　5) ④

解説 1) 男：1時を過ぎました。食事はしないのですか。
女：仕事が終わっていません。

2) 男：韓国にいつ来ましたか。
女：去年の春、家族と一緒に来ました。

3) 男：土曜日に時間ありますか。一緒に山へ行きませんか。
女：はい、いいですよ。どこの山へ行きましょうか。

4) 男：何を注文しましょうか。
女：私は冷麺が食べたいです。
男：そうですか。では、私もそれにします。

5) 女：今週の土曜日に一緒に映画を見ませんか。
男：土曜日は仕事があります。日曜日はどうですか。
女：いいですよ。何時に会いましょうか。

◀音声はこちら

2

1 イラスト問題

※ 選択肢を2回ずつ読みます。絵の内容に合うものを①～④の中から1つ選んでください。

1）

① ....

② ....

③ ....

④ ....

2）

➡ 問題類型の解説は109ページへ

① ………………………………………………

② ………………………………………………

③ ………………………………………………

④ ………………………………………………

3）

① ………………………………………………

② ………………………………………………

③ ………………………………………………

④ ………………………………………………

4）

➡ 【正答】は144ページ、【台本】は172ページ、【解説】は208ページへ

3～4

1 イラスト問題

① ....

② ....

③ ....

④ ....

5)

☐

① ....

② ....

③ ....

④ ....

6)

☐

➡ 【正答】は144ページ、【台本】は172ページ

① ....

② ....

③ ....

④ ....

7）

☐

① ....

② ....

③ ....

④ ....

8）

➡ 【解説】は208、209ページへ

5~6

1 イラスト問題

① ………………………………………………

② ………………………………………………

③ ………………………………………………

④ ………………………………………………

9）

☐

① ………………………………………………

② ………………………………………………

③ ………………………………………………

④ ………………………………………………

10）

☐

➡ 【正答】は144ページ、【台本】は172ページ

① --

② --

③ --

④ --

11）

☐

① --

② --

③ --

④ --

➡ 【解説】は209ページへ

◀音声はこちら

8

2 数詞の聞き取り問題

※ 短い文を2回読みます。(　　)の中に入れるのに適切なものを①〜④の中から1つ選んでください。

1) — 1시 (　　)분에 나갔어요.

☐ ① 54　② 42　③ 15　④ 45

2) — 가방에 책을 (　　)권 넣었어요.

☐ ① 10　② 7　③ 8　④ 9

3) — 이 우유는 (　　)원이에요.

☐ ① 20,000　② 10,000　③ 2,000　④ 1,000

4) — 작년 (　　)에 왔어요.

☐ ① 10월 18일　② 4월 18일　③ 10월 28일　④ 4월 28일

5) — 이 호텔은 (　　)층에 음식점이 있어요.

☐ ① 23　② 46　③ 37　④ 18

6) — 내 동생은 (　　)살입니다.

☐ ① 19　② 20　③ 17　④ 18

7) — 이 가방은 일본에서 (　　)엔에 샀어요.

☐ ① 80,000　② 700　③ 7,000　④ 8,000

➡ 問題類型解説は111ページへ

8) —(　　)에 시험이 있어요.

☐ ① 10월 26일　② 4월 29일　③ 6월 25일　④ 3월 26일

9) —공항에서 4시 (　　)분에 만나요.

☐ ① 10　② 20　③ 30　④ 40

10)—우리 아들은 (　　)살입니다.

☐ ① 10　② 15　③ 19　④ 17

11)—이 일본어 교과서는 (　　)엔입니다.

☐ ① 6,000　② 2,000　③ 5,000　④ 20,000

12)—(　　)에 보냈습니다.

☐ ① 6월 23일　② 2월 24일　③ 9월 21일　④ 6월 24일

13)—내일은 오후 1시 (　　)분에 오세요.

☐ ① 25　② 12　③ 22　④ 15

14)—교실 안에 학생이 (　　)명 있어요.

☐ ① 18　② 19　③ 15　④ 17

15)—냉면은 (　　)원입니다.

☐ ① 9,000　② 7,000　③ 6,000　④ 8,000

➡ 【正答】は144ページ、【台本】は173ページ、【解説】は209ページへ

🔊10

2 数詞の聞き取り問題

16)—우리는 (　　)에 결혼했어요.

☐ ① 10월 2일　② 11월 6일　③ 11월 2일　④ 12월 6일

17)—우리 회사는 (　　)층에 있어요.

☐ ① 19　② 17　③ 18　④ 16

18)—일본에 (　　)번 왔어요.

☐ ① 6　② 8　③ 5　④ 7

19)—비행기 표 값은 (　　)원입니다.

☐ ① 70,000　② 80,000　③ 100,000　④ 90,000

20)—(　　)부터 이 일을 시작했습니다.

☐ ① 6월 10일　② 2월 20일　③ 5월 10일　④ 6월 20일

21)—나는 10시 (　　)분에 왔어요.

☐ ① 20　② 50　③ 30　④ 40

22)—앞에서 (　　)번째 자리예요.

☐ ① 6　② 8　③ 5　④ 7

23)—우리 학교 학생은 모두 (　　)명이에요.

☐ ① 900　② 7,000　③ 6,000　④ 500

➡ 【正答】は144ページ、【台本】は173ページ

24)― 오늘은 (　　) 토요일입니다.

☐　① 9월 25일　② 5월 26일　③ 2월 16일　④ 6월 26일

25)― 매일 7시 (　　)분에 버스를 탑니다.

☐　① 10　② 20　③ 30　④ 40

26)― 제 여동생은 (　　)살입니다.

☐　① 14　② 16　③ 18　④ 19

27)― 이 볼펜은 (　　)원이에요.

☐　① 700　② 1,000　③ 800　④ 2,000

28)― (　　)에 여행을 갑니다.

☐　① 5월 8일　② 2월 7일　③ 6월 7일　④ 2월 8일

29)― 고양이가 (　　)마리 있어요.

☐　① 2　② 3　③ 4　④ 5

30)― 나는 (　　)번 버스를 타요.

☐　① 28　② 17　③ 18　④ 16

➡ 【解説】は209、210ページへ

◀音声はこちら
12

3 応答文選択問題（1）

※ 問いかけなどの文を2回読みます。その応答文として最も適切なものを①～④の中から1つ選んでください。

1）―

① 실례합니다.　② 반갑습니다.
③ 알겠습니다.　④ 고맙습니다.

2）―

① 감기에 걸렸어요.　② 눈이 와요.
③ 맛있어요.　④ 안 좋아해요.

3）―

① 제 동생이에요.　② 고양이예요.
③ 그것은 사진이에요.　④ 누나가 아니에요.

4）―

① 시간이 없어요.　② 내일은 안돼요.
③ 네, 또 봐요.　④ 처음 뵙겠습니다.

5）―

① 돈은 없어요.　② 여행이에요.
③ 우체국이에요.　④ 가을을 좋아해요.

➡ 問題類型の解説は114ページへ

13

6) ―

☐ ① 야구를 할까요? ② 배가 안 고파요.
③ 고추가 맛있어요. ④ 국밥이 어때요?

7) ―

☐ ① 금요일에 가요. ② 어렵지 않아요.
③ 모레부터예요. ④ 내일은 없어요.

8) ―

☐ ① 네, 알겠어요. ② 네, 맞아요.
③ 아니요, 제가 아니에요. ④ 아니요, 영어는 못해요.

9) ―

☐ ① 우리 딸이요. ② 내가 만들었어요.
③ 친구하고 먹었어요. ④ 어제 만났어요.

10) ―

☐ ① 역 앞에 있어요. ② 버스로 왔어요.
③ 어제 왔어요. ④ 중국에서 왔어요.

11) ―

☐ ① 아주 바쁩니다. ② 전철을 타요.
③ 아뇨, 가깝습니다. ④ 네, 6시에 끝나요.

➡ 【正答】は144ページ、【台本】は174ページ、【解説】は210、211ページへ

14

3 応答文選択問題（1）

12) ― --

☐ ① 이것이에요.　② 우체국이에요.
③ 거기가 아니에요.　④ 위층에 있어요.

13) ― --

☐ ① 정말 싸요.　② 팔백 원이에요.
③ 여기는 없어요.　④ 세 개 주세요.

14) ― --

☐ ① 시월에 갈까요?　② 목요일이 좋아요.
③ 잘 모르겠어요.　④ 다섯 시는 어때요?

15) ― --

☐ ① 괜찮습니다.　② 정말 축하합니다.
③ 그거 어떠세요?　④ 천만에요.

16) ― --

☐ ① 일이 바빠요.　② 아홉 시에 시작해요.
③ 지하철로 가요.　④ 일을 해요.

17) ― --

☐ ① 네 살이에요.　② 세 시에 밥을 줘요.
③ 세 마리예요.　④ 한 명도 없어요.

➡ 【正答】は144ページ、【台本】は174、175ページ

18) ―

☐ ① 어제 봤어요. ② 친구하고 봤어요.
③ 정말 재미있었어요. ④ 그 사람은 안 왔어요.

19) ―

☐ ① 시장에서 샀어요. ② 토요일에 왔어요.
③ 비는 안 와요. ④ 볼펜이 있어요.

20) ―

☐ ① 빨리 주세요. ② 이것을 살까요?
③ 세 권이에요. ④ 냉면이 어때요?

21) ―

☐ ① 다 좋아해요. ② 네, 잘 웃어요.
③ 아뇨, 잘 못해요. ④ 같이 팔아요.

22) ―

☐ ① 책상 위에 있어요. ② 시간이 없어요.
③ 오늘 세 시부터예요. ④ 여기서 봤어요.

➡ 【解説】は211、212ページへ

4 応答文選択問題（2）

※ ①〜④の選択肢を 2 回ずつ読みます。応答文として最も適切なものを1つ選んでください。

1) ―男 : 언니는 무엇을 해요?
☐ 女 : (　　　　)
① ....
② ....
③ ....
④ ....

2) ―男 : 몇 시에 일어나요?
☐ 女 : (　　　　)
① ....
② ....
③ ....
④ ....

3) ―女 : 제 생일이요? 오늘이에요.
☐ 男 : (　　　　)
① ....
② ....
③ ....
④ ....

4) ―女 : 공항까지 멀어요?
☐ 男 : (　　　　)
① ....
② ....
③ ....
④ ....

➡ 問題類型の解説は117ページへ

5) ―男：왜 약을 먹어요?
☐ 女：(　　　　)
① ……………………
② ……………………
③ ……………………
④ ……………………

6) ―男：영어 시험이 내일이죠?
☐ 女：(　　　　)
① ……………………
② ……………………
③ ……………………
④ ……………………

7) ―女：가족 모두 키가 커요?
☐ 男：(　　　　)
① ……………………
② ……………………
③ ……………………
④ ……………………

8) ―女：여기요, 커피 두 잔 주세요.
☐ 男：(　　　　)
① ……………………
② ……………………
③ ……………………
④ ……………………

➡ 【正答】は144ページ、【台本】は175、176ページ、【解説】は212、213ページへ

◁))18

4 応答文選択問題（2）

9）―男：오늘 수업은 몇 시까지예요?

☐　女：(　　　　)

①

②

③

④

10)―男：무엇을 타고 갈까요?

☐　女：(　　　　)

①

②

③

④

11)―女：저분이 한국어 선생님이죠?

☐　男：(　　　　)

①

②

③

④

12)―女：1년에 몇 번 외국에 가요?

☐　男：(　　　　)

①

②

③

④

➡ 【正答】は144ページ、【台本】は176、177ページ

13)—男 : 오늘 같이 저녁 먹을까요?

☐ 女 : (   )

①

②

③

④

14)—男 : 지금 병원에 있어요? 왜요?

☐ 女 : (   )

①

②

③

④

15)—女 : 이 영어 단어 어떻게 읽어요?

☐ 男 : (   )

①

②

③

④

16)—女 : 내일 시험, 2시부터가 아니에요?

☐ 男 : (   )

①

②

③

④

➡ 【解説】は213、214ページへ

5 文の内容一致問題

※ 対話文を２回読みます。その内容と一致するものを①～④の中から１つ選んでください。

1) ─男：
☐ 女：
① 女性は肉が好きです。
② 女性は魚が好きです。
③ 女性は肉も魚も嫌いです。
④ 女性は肉と魚が好きです。

2) ─男：
☐ 女：
① 女性は電車で会社に行きます。
② 女性は地下鉄で通学しています。
③ 女性は車を持っていません。
④ 女性は地下鉄で通勤しています。

3) ─男：
☐ 女：
① 男性は何度も日本に行ったことがあります。
② 二人は今度、一緒に日本に行きます。
③ 女性は初めて日本に行ってきました。
④ 女性は今回初めて日本に行きます。

4) ─男：
☐ 女：
男：
① 男性の家族は中国に住んでいます。
② 男性は昨日飛行機のチケットを買いました。
③ 男性は家族に会いに中国に行きます。
④ 男性は来月海外旅行に行く予定です。

➡ 問題類型の解説は120ページへ

5）—女：
☐　男：
　　女：
① 男性は家に帰って野球を見るつもりです。
② 女性は早く帰ってテレビを見るつもりです。
③ 男性は仕事が終わったら野球場に行くつもりです。
④ 女性は5時半まで会社で仕事をします。

6）—男：
☐　女：
① 女性は午前中の授業が終わりました。
② 女性は2時から授業があります。
③ 男性は授業が終わりました。
④ 二人は同じ授業を取っています。

7）—男：
☐　女：
① 二人は冷麺を注文します。
② 二人はビビンバを注文します。
③ 女性は冷麺でないものを食べるつもりです。
④ 男性は暑いときは冷麺をよく食べます。

8）—男：
☐　女：
① 妹は家族の中でいちばん背が高いです。
② 妹は姉より背が高いです。
③ 姉は家族の中でいちばん背が高いです。
④ 妹も姉も背が高いです。

➡ 【正答】は144ページ、【台本】は177、178ページ、【解説】は214ページへ

22

5 文の内容一致問題

9) ―女：
☐ 男：
女：
① 女性は兄がいます。
② 二人は兄がいます。
③ 男性は妹がいます。
④ 二人は姉がいます。

10) ―女：
☐ 男：
女：
① 男性はいまおなかが痛いです。
② 二人はこれから病院に行きます。
③ 二人はいま薬局で話しています。
④ 男性はいま痛みが少し和らいでいます。

11) ―男：
☐ 女：
① 女性はバスで空港に通います。
② 男性はバスで銀行に行きます。
③ 女性は銀行の前に立っています。
④ 男性は空港に行こうとしています。

12) ―男：
☐ 女：
① 女性はまだ結婚する予定がありません。
② 男性は今週末に結婚する予定です。
③ 女性は男性の姉が結婚するのを初めて知りました。
④ 男性の兄はまもなく結婚します。

➡ 【正答】は144ページ、【台本】は178ページ

13)―男：

☐　女：

① 男性は女性より年上です。

② 女性には4歳上の姉がいます。

③ 男性には3歳上の兄がいます。

④ 女性は男性より年上です。

14)―男：

☐　女：

男：

① 女性は学校で韓国語を学びました。

② 男性は女性に韓国語を教えています。

③ 女性はいま週2回韓国語を学んでいます。

④ 女性は韓国語が少ししかできません。

15)―男：

☐　女：

男：

① 男性はいまお客さんと話しています。

② 女性はお客さんの話が終わるのを待っています。

③ 男性はミンスさんが戻ってくるのを待つつもりです。

④ ミンスさんの会議はまもなく終わります。

16)―男：

☐　女：

① 女性にはお姉さんが2人います。

② 男性にはお兄さんが1人います。

③ 女性にはお兄さんが1人います。

④ 男性にはお姉さんが2人います。

➡ 【解説】は215ページへ

1 イラスト問題 / 2 数詞の聞き取り問題　正答

➡ 1 イラスト問題は122ページ、台本は172ページ、解説は208ページへ、
2 数詞の聞き取り問題は128ページ、台本は173ページ、解説は209ページへ

1 イラスト問題				2 数詞の聞き取り問題					
問題	正答	問題	正答	問題	正答	問題	正答	問題	正答
1	②	7	②	1	④	11	②	21	②
2	④	8	③	2	②	12	①	22	③
3	③	9	④	3	③	13	④	23	①
4	①	10	①	4	①	14	③	24	④
5	③	11	②	5	③	15	②	25	②
6	④			6	②	16	④	26	④
				7	④	17	①	27	③
				8	①	18	③	28	①
				9	③	19	②	29	②
				10	④	20	④	30	③

3 応答文選択問題 (1) / 4 応答文選択問題 (2) / 5 文の内容一致問題　正答

➡ 3 応答文選択問題(1)は132ページ、台本は174ページ、解説は210ページへ、
4 応答文選択問題(2)は136ページ、台本は175ページ、解説は212ページへ、
5 文の内容一致問題は140ページ、台本は177ページ、解説は214ページへ

3 応答文選択問題 (1)				4 応答文選択問題 (2)				5 文の内容一致問題			
問題	正答	問題	正答	問題	正答	問題	正答	問題	正答	問題	正答
1	④	12	④	1	②	9	①	1	②	9	④
2	②	13	②	2	③	10	③	2	④	10	①
3	①	14	④	3	①	11	②	3	③	11	④
4	③	15	④	4	④	12	①	4	④	12	③
5	②	16	③	5	④	13	③	5	①	13	②
6	④	17	③	6	②	14	④	6	②	14	①
7	③	18	②	7	③	15	②	7	③	15	③
8	②	19	②	8	④	16	③	8	②	16	④
9	①	20	④								
10	④	21	③								
11	③	22	①								

※ 全問正解になるまで繰り返し練習をしてください。

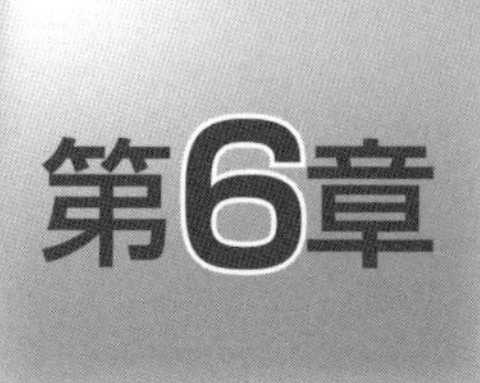

第6章

模擬試験

ハングル能力検定試験5級					
時限	科目	問題数	形式	時間	配点
10:30〜11:00	**聞き取り**	**20問**	4択マークシート式	30分	**40点**
11:00〜12:00	**筆記**	**40問**	4択マークシート式	60分	**60点**

※合格ライン：聞取40点、筆記60点の100点満点中60点以上で合格。試験時間は90分。科目の間の途中休憩なし。

第1回 模擬試験 聞き取り問題

/40点

➡ 正答は168ページ、台本は179ページ、解説は216ページへ

◀音声はこちら

24

1 選択肢を2回ずつ読みます。絵の内容に合うものを①～④の中から1つ選んでください。 〈2点 × 3問〉

1） 1

①

②

③

④

2） 2

① ....

② ....

③ ....

④ ....

3）　　3

① ....

② ....

③ ....

④ ....

25

2 短い文を2回読みます。(　　)の中に入れるのに適切なものを①～④の中から1つ選んでください。〈2点 × 4問〉

1）여기서 차로 (　　)분쯤 걸려요.　4

① 60　② 30　③ 50　④ 20

2）이 아이는 (　　)살이에요.　5

① 7　② 8　③ 6　④ 10

3）(　　)원에 샀어요.　6

① 9,000　② 7,000　③ 6,000　④ 8,000

4）내 생일은 (　　)이에요.　7

① 4월 5일　② 10월 6일　③ 4월 6일　④ 10월 5일

🔊26

3 問いかけなどの文を2回読みます。その応答文として最も適切なものを①～④の中から1つ選んでください。 〈2点×4問〉

1) 8

① 이번주에 가세요.　② 여기는 화장실이 없어요.

③ 은행 옆이에요.　④ 어젯밤에 읽었어요.

2) 9

① 20살이죠.　② 수요일이에요.

③ 잘 못해요.　④ 외국입니다.

3) 10

① 친구하고 영화를 봐요.　② 대학교가 멀어요.

③ 내년에 여행을 가고 싶어요.　④ 가족과 같이 산에 갔어요.

4) 11

① 정말 모르겠어요?　② 약을 먹었습니까?

③ 이 빵을 줄까요?　④ 문제가 어렵습니까?

🔊27

4 ①～④の選択肢を2回ずつ読みます。応答文として最も適切なものを1つ選んでください。 〈2点×4問〉

1) 男：비가 많이 와요. 우산 있어요? 12

女：(　　　　)

① ....

② ....

③ ....

④ ....

2) 男：몇 시부터 수업이에요? 13

女：(　　　　)

① ....
② ....
③ ....
④ ....

3) 女 : 감기에 걸렸어요. 14

男 : (　　　　)

① ....
② ....
③ ....
④ ....

4) 女 : 좀 늦었어요. 미안해요. 15

男 : (　　　　)

① ....
② ....
③ ....
④ ....

28

5 対話文を2回読みます。その内容と一致するものを①～④の中から1つ選んでください。〈2点×5問〉

1) 男 : 16

女 : ....

① 女性の家ではお父さんが一人で暮らしています。
② 男性の家族はお父さんをはじめ、みんな背が高いです。
③ 女性の家族の中ではお父さんが最も背が高いです。
④ 女性の家にお父さんが訪ねてくる予定です。

2) 男 : 17

女 : ....

① 男性は郵便局を探しています。
② 郵便局はパン屋の前にあります。
③ 男性は切手を集めるのが趣味です。
④ 女性はパン屋で働いています。

3) 男：-- 18
女：--

① 二人は同じ授業を取るつもりです。
② 女性は今日お金をおろせませんでした。
③ 男性は日本語の教科書を買いました。
④ 女性は教科書を買っていません。

4) 女：-- 19
男：--
女：--

① 男性はスミさんが結婚することを知っていました。
② 二人は今日初めてスミさんが結婚したことを聞きました。
③ スミさんは先月結婚することを女性に話しました。
④ 女性は今日スミさんから結婚したことを聞きました。

5) 男：-- 20
女：--
男：--
① 二人は明日海に行く予定です。
② 二人は同じ会社に勤めています。
③ 女性は日曜日に会社に行く予定です。
④ 男性は海釣りに女性を誘っています。

第1回 模擬試験 筆記問題

/60点

➡ 正答は169ページ、解説は218ページへ

1 発音どおり表記したものを①～④の中から1つ選びなさい。 〈1点×3問〉

1）읽어요 [1]

① [이러요]　② [이거요]　③ [일거요]　④ [일꺼요]

2）없어요 [2]

① [언써요]　② [업써요]　③ [어버요]　④ [어서요]

3）좋아요 [3]

① [조다요]　② [조사요]　③ [조하요]　④ [조아요]

2 次の日本語に当たる単語を正しく表記したものを①～④の中から1つ選びなさい。 〈1点×4問〉

1）通り [4]

① 걸이　② 골이　③ 고리　④ 거리

2）履き物 [5]

① 심팔　② 신발　③ 심발　④ 싱발

3）忘れる [6]

① 잇다　② 인다　③ 잊다　④ 있다

4）通います [7]

① 다녀요　② 타녀요　③ 단여요　④ 탄여요

3 次の日本語に当たるものを①～④の中から1つ選びなさい。 〈1点 × 5問〉

1）切手 [8]
① 편지　② 우산　③ 우표　④ 신발

2）夕方 [9]
① 아침　② 저녁　③ 밤　④ 낮

3）考える [10]
① 생각하다　② 일어나다　③ 시작하다　④ 걸리다

4）先に [11]
① 모두　② 빨리　③ 다시　④ 먼저

5）易しい [12]
① 낮다　② 작다　③ 쉽다　④ 짧다

4 （　）の中に入れるのに最も適切なものを①～④の中から1つ選びなさい。 〈2点 × 5問〉

1）언니에게 (　　)를/을 보냈어요. [13]
① 축구　② 얼굴　③ 편지　④ 소리

2）이 설탕은 (　　)예요? [14]
① 어디　② 얼마　③ 언제　④ 뭐

3）올해 여름은 아주 (　　). [15]
① 높습니다　② 같습니다　③ 춥습니다　④ 덥습니다

4）화장실은 2(　　)에 있습니다. [16]
① 권　② 장　③ 층　④ 마리

5）저 가게 앞에 차를 (　　). [17]
① 세우세요　② 타세요　③ 나오세요　④ 찾으세요

5 (　　)の中に入れるのに最も適切なものを①～④の中から1つ選びなさい。
〈2点 × 4問〉

1) A:오늘은 금요일입니다. 어제는 무슨 요일이었지요? 18
B:(　　)이었어요.

① 수요일　② 토요일　③ 월요일　④ 목요일

2) A:영어 잘해요? 19
B:아니요, (　　).

① 몰라요　② 못해요　③ 안돼요　④ 알아요

3) A:집에서 회사까지는 (　　)? 20
B:아니요. 가깝습니다.

① 멉니까　② 깁니까　③ 쉽습니까　④ 짧습니까

4) A:이 냉면 맛이 어때요? 21
B:(　　) 맛있어요.

① 모두　② 제일　③ 아주　④ 빨리

6 文の意味を変えずに、下線部の言葉と置き換えが可能なものを①～④の中から1つ選びなさい。
〈2点 × 2問〉

1) 한국말은 어디서 <u>배웠어요</u>? 22
① 가르쳤어요　② 말했어요　③ 공부했어요　④ 생각했어요

2) 도서관은 몇 시에 <u>문을 닫아요</u>? 23
① 일해요　② 시작해요　③ 말해요　④ 끝나요

7 (　　)の中に入れるのに適切なものを①〜④の中から１つ選びなさい。
〈1点 × 3問〉

1) 매일 아침에는 우유를 (　　). 24

① 마셔요　② 마새요　③ 마시습니다　④ 마세요

2) 역은 여기서 (　　)? 25

① 멀으요　② 멀읍니까　③ 멀습니까　④ 멉니까

3) 나는 불고기와 김치를 (　　). 26

① 좋아하요　② 좋아해요　③ 좋아하습니다　④ 좋아하므니다

8 (　　)の中に入れるのに適切なものを①〜④の中から１つ選びなさい。
〈1点 × 3問〉

1) 내가 누나(　　) 키가 커요. 27

① 까지　② 보다　③ 한테　④ 만

2) 지난주에도 영화를 (　　)? 28

① 볼까요　② 보지요　③ 보세요　④ 봤어요

3) A: 내일 몇 시에 (　　)? 29

B: 오후 두 시가 어때요?

① 만나세요　② 만났어요　③ 만날까요　④ 만나셨어요

9 次の場面や状況において最も適切なあいさつやあいづちなどの言葉を①〜④の中から１つ選びなさい。
〈1点 × 2問〉

1) 店の人が客を迎えるとき。 30

① 또 만나요.　② 만나서 반갑습니다.

③ 어서 오세요.　④ 어떠세요?

2) 電話を切るとき。 31

① 실례합니다.　② 안녕히 계세요.

③ 알겠어요.　④ 안녕히 가세요.

10 対話文を完成させるのに最も適切なものを①～④の中から１つ選びなさい。
〈2点 × 5問〉

1) A:(　　　　　)　　32

B:아니요, 여기는 날씨가 좋아요.

① 오늘 날씨는 어때요?　　② 겨울도 좋아해요?

③ 거기도 여름은 덥죠?　　④ 거기도 비가 많이 와요?

2) A:(　　　　　)　　33

B:아니요, 목요일이에요.

① 무슨 요일에 만나요?　　② 오늘 학교에 안 가요?

③ 오늘 수요일이 아니에요?　　④ 내일 오후에 시간 있어요?

3) A:(　　　　　)　　34

B:아니요, 몰라요.

① 저분을 아세요?　　② 아침을 안 먹었어요?

③ 몇 시에 만나요?　　④ 무슨 책을 읽었어요?

4) A:누가 이 문을 열었어요?　　35

B:(　　　　　)

A:아, 그래요? 그럼 누구지요?

① 내가 닫았어요.　　② 나는 아닙니다.

③ 언니가 아침에 열었어요.　　④ 집에는 없어요.

5) A:무엇을 시킬까요?　　36

B:(　　　　　)

A:좋지요. 그럼 그것을 두 개 시킵시다.

① 무슨 과일을 좋아해요?　　② 생선이 비싸요?

③ 냉면이 어때요?　　④ 밥 먹었어요?

11 文章を読んで、問いに答えなさい。 〈2点×2問〉

나는 영화가 취미입니다. 매주 영화를 봅니다. 그런데 이번 달은 일이 아주 바쁩니다. 영화를 보고 싶습니다만 못 봅니다. 일은 다음 달에 끝납니다. (　　　) 영화를 보고 싶습니다.

【問1】(　　)に入れるのに適切なものを①～④の中から１つ選びなさい。 37

① 모두　② 빨리　③ 어떻게　④ 언제나

【問2】本文の内容と一致するものを①～④の中から１つ選びなさい。 38

① 来月も仕事が忙しいです。
② 毎月1回は映画を見ます。
③ 今月は映画を見ていません。
④ いま見たい映画があります。

12 対話文を読んで、問いに答えなさい。 〈2点×2問〉

민수: 일요일에 무엇을 했어요?
유미: 공항에 갔어요. 친구가 일본에서 왔어요.
민수: 거기까지는 어떻게 갔어요?
유미: 버스를 타고 갔어요. 민수 씨는 무엇을 했어요?
민수: 나는 오전에는 공부를 하고 오후에는 친구들과 축구를 했어요.

【問1】거기が指すものを①～④の中から１つ選びなさい。 39

① 運動場　② 学校　③ 停留場　④ 空港

【問2】本文の内容と一致するものを①～④の中から１つ選びなさい。 40

① ミンスは日曜日に野球をしました。
② 二人は週末に一緒に勉強をしました。
③ ユミは友だちを迎えに空港に行きました。
④ 二人は週末に一緒に運動をしました。

第2回 模擬試験 聞き取り問題

/40点

➡ 正答は168ページ、台本は181ページ、解説は222ページへ

◀音声はこちら

29

1 選択肢を2回ずつ読みます。絵の内容に合うものを①～④の中から1つ選んでください。〈2点×3問〉

1） 1

① ....

② ....

③ ....

④ ....

2） 2

① ....

② ....

③ ....

④ ....

3） 3

① ....

② ....

③ ....

④ ....

30

2 **短い文を2回読みます。(　　)の中に入れるのに適切なものを①～④の中から1つ選んでください。** 〈2点×4問〉

1）(　　)번 버스를 타고 왔어요. 4

① 56　② 97　③ 64　④ 95

2）우표를 (　　)장 샀어요. 5

① 6　② 7　③ 8　④ 5

3）이 바지는 (　　)원이에요. 6

① 4,000　② 30,000　③ 40,000　④ 100,000

4）(　　)에 가게를 열었어요. 7

① 10월 11일　② 11월 10일　③ 4월 10일　④ 4월 12일

31

3 問いかけなどの文を2回読みます。その応答文として最も適切なものを①～④の中から1つ選んでください。 〈2点×4問〉

1) ________________ 8

① 실례합니다.
② 반가워요.
③ 천천히 오세요.
④ 천만예요.

2) ________________ 9

① 네, 스무 살입니다.
② 모레입니다.
③ 네, 멉니다.
④ 둘째 아들입니다.

3) ________________ 10

① 다음 달에 할머니가 오세요.
② 낮에 택시를 탔어요.
③ 비가 많이 내려요.
④ 한국의 겨울은 춥습니다.

4) ________________ 11

① 네, 부탁해요.
② 네, 싫어요.
③ 네, 마셔요.
④ 네, 없어요.

32

4 ①～④の選択肢を2回ずつ読みます。応答文として最も適切なものを1つ選んでください。 〈2点×4問〉

1) 男 : 저 식당은 몇 시에 문을 열어요? 12

女 : (　　　　)

① ________________
② ________________
③ ________________
④ ________________

2) 男 : 단어 문제는 어렵지 않습니까? 13

女 : (　　　　)

① ....
② ....
③ ....
④ ....

3) 女 : 언제 일을 시작해요? 　14

男 : (　　　　)

① ....
② ....
③ ....
④ ....

4) 女 : 토요일에 영화 볼까요? 　15

男 : (　　　　)

① ....
② ....
③ ....
④ ....

33

5 対話文を2回読みます。その内容と一致するものを①～④の中から1つ選んでください。 〈2点 × 5問〉

1) 男 : .... 　16

女 : ....

① ドラマの内容は面白くありませんでした。
② 二人は最近韓国映画にはまっています。
③ 男性は女性に韓国ドラマを紹介しました。
④ 女性は最近韓国ドラマを見ています。

2) 男 : .... 　17

女 : ....

① 二人は一緒に仕事をしています。
② 二人は今日一緒に食事をする予定です。
③ 二人は明日の夕方に会う予定です。
④ 男性は女性に食事に誘われました。

3）男：.. 18
女：..

① 男性は女性に道順を教えています。
② 女性はソウルに旅行に来ています。
③ 男性は駅を探しています。
④ 女性は男性に駅を教えています。

4）男：.. 19
女：..
男：..

① いま雨が降っています。
② 二人は友だちを待っています。
③ いま雨は降っていません。
④ 男性はまもなく仕事が終わります。

5）女：.. 20
男：..
女：..

① 女性の家から空港までは20分ぐらいかかります。
② 女性はいま飛行機の中にいます。
③ 二人は空港で10時に待ち合わせをしています。
④ 男性は駅で女性を待っています。

第2回 模擬試験 筆記問題

/60点

➡ 正答は169ページ、解説は224ページへ

1 発音どおり表記したものを①～④の中から1つ選びなさい。 〈1点 × 3問〉

1) 짧아요 1

① [짜바요] ② [짜라요] ③ [짤빠요] ④ [짤바요]

2) 학교 2

① [한꼬] ② [하코] ③ [학꾜] ④ [학쿄]

3) 읽습니다 3

① [익씀미다] ② [익씀니다] ③ [일씀니다] ④ [일슴미다]

2 次の日本語に当たる単語を正しく表記したものを①～④の中から1つ選びなさい。 〈1点 × 4問〉

1) 夫 4

① 난푠 ② 난편 ③ 남편 ④ 남평

2) 外 5

① 박 ② 밖 ③ 팍 ④ 팎

3) 終わる 6

① 끝나다 ② 끋나다 ③ 끗나다 ④ 끚나다

4) 小さい 7

① 잗다 ② 착다 ③ 찻다 ④ 작다

3 次の日本語に当たるものを①～④の中から1つ選びなさい。 〈1点×5問〉

1）横 [8]

① 역　② 약　③ 옆　④ 앞

2）試験 [9]

① 시계　② 시장　③ 생각　④ 시험

3）痛い [10]

① 나쁘다　② 아프다　③ 바쁘다　④ 고프다

4）すぐ [11]

① 곧　② 먼저　③ 더　④ 좀

5）忘れる [12]

① 웃다　② 오다　③ 잊다　④ 입다

4 （　）の中に入れるのに最も適切なものを①～④の中から1つ選びなさい。 〈2点×5問〉

1）(　　)에서 비행기를 탑니다. [13]

① 공항　② 가게　③ 시장　④ 역

2）어디에서 이 (　　)을/를 샀어요? [14]

① 여행　② 생일　③ 취미　④ 생선

3）시험 문제가 (　　)? [15]

① 낮습니까　② 높습니까　③ 어렵습니까　④ 멉니까

4）가족이 몇 (　　)이에요? [16]

① 층　② 명　③ 번　④ 원

5）이름은 연필로 (　　). [17]

① 만드세요　② 사세요　③ 찍으세요　④ 쓰세요

5 (　　)の中に入れるのに最も適切なものを①～④の中から1つ選びなさい。
〈2点 × 4問〉

1) A : 이 아이가 영미 씨 (　　)이에요? 18
B : 아뇨, 옆집 아이예요.
① 형　② 손님　③ 남편　④ 딸

2) A : 아버지는 병원에서 (　　). 19
B : 의사세요?
① 기다립니다　② 일합니다　③ 일어납니다　④ 가르칩니다

3) A : 가족이 모두 키가 커요? 20
B : 아니요, 언니는 키가 (　　).
① 작아요　② 멀어요　③ 짧아요　④ 낮아요

4) A : 산에 가고 싶어요. 21
B : (　　) 주말에 같이 갈까요?
① 하지만　② 그리고　③ 그러면　④ 그런데

6 文の意味を変えずに、下線部の言葉と置き換えが可能なものを①～④の中から1つ選びなさい。
〈2点 × 2問〉

1) 집에서 시장까지는 안 멉니다. 22
① 낮습니다　② 가깝습니다　③ 짧습니다　④ 깁니다

2) 매일 내가 요리를 해요. 23
① 식사를 해요　② 음식을 넣어요
③ 음식을 만들어요　④ 요리를 시켜요

7 (　　)の中に入れるのに適切なものを①～④の中から１つ選びなさい。
〈1点 × 3問〉

1）택시를 (　　). 【24】
① 세우습니다　② 세우아요　③ 세워요　④ 세우요

2）어제는 아주 (　　). 【25】
① 바뿄어요　② 바빴어요　③ 바뿄습니다　④ 바쁘았습니다

3）언니가 다음 달에 (　　). 【26】
① 결혼하습니다　② 결혼하요　③ 결혼해습니다　④ 결혼해요

8 (　　)の中に入れるのに適切なものを①～④の中から１つ選びなさい。
〈1点 × 3問〉

1）빵집에서 친구(　　) 만났습니다. 【27】
① 에게　② 에　③ 를　④ 한테

2）어제 술을 많이 (　　)? 【28】
① 마셨어요　② 마시겠어요　③ 마실까요　④ 마시지요

3）A:이것이 소금이죠? 【29】
B:소금(　　). 설탕이에요.
① 과 같아요　② 이라고 해요　③ 입니다만　④ 이 아니에요

9 次の場面や状況において最も適切なあいさつやあいづちなどの言葉を①～④の中から１つ選びなさい。
〈1点 × 2問〉

1）相手に少し待ってほしいとき。 【30】
① 죄송합니다.　② 괜찮아요?
③ 또 봐요.　④ 잠깐만요.

2）初めて会ったとき。 【31】
① 처음 뵙겠습니다.　② 오래간만이에요.
③ 실례합니다.　④ 어서 오세요.

第6章 模擬試験

10 対話文を完成させるのに最も適切なものを①～④の中から1つ選びなさい。
〈2点×5問〉

1) A:(　　　　)　32

B:구두하고 양말이요.

① 누가 오셨어요?　② 무슨 책을 읽었어요?

③ 무엇을 샀어요?　④ 언제 일이 끝나요?

2) A:(　　　　)　33

B:미안해요. 주말에도 회사에 가요.

① 회사에는 어떻게 가요?　② 무슨 영화를 보고 싶어요?

③ 저녁에 같이 식사할까요?　④ 토요일에 산에 갈까요?

3) A:언니도 (　　　　)　34

B:아뇨, 작아요.

① 일을 시작했어요?　② 키가 커요?

③ 머리가 길어요?　④ 치마가 짧아요?

4) A:집에 안 가요?　35

B:(　　　　)

A: 그래요? 그럼 먼저 가겠어요.

① 숙제를 하고 가겠어요.　② 오늘은 바빴어요.

③ 일이 다 끝났어요.　④ 오늘은 텔레비전을 보겠어요.

5) A:모레 친구가 와요.　36

B:(　　　　)

A:아뇨, 미국에서요.

① 공항까지 멀어요?　② 내일이 아니에요?

③ 어느 나라 사람이에요?　④ 일본에서요?

11 文章を読んで、問いに答えなさい。　〈2点 × 2問〉

나는 한국 친구가 있습니다. 그 친구는 한국 대학에서 일본어를 공부합니다. 일본어를 아주 잘합니다. 작년에 일본에서 만났습니다. 일주일에 한 번 전화로 (　　　　). 나이는 나와 같습니다.

【問1】(　　)に入れるのに適切なものを①～④の中から1つ選びなさい。 37

① 시험을 봅니다　　② 글을 씁니다
③ 노래를 합니다　　④ 이야기합니다

【問2】本文の内容と一致するものを①～④の中から1つ選びなさい。 38

① 韓国人の友だちは留学生です。
② 私には同い年の韓国人の友だちがいます。
③ 私は友だちに日本語を教えています。
④ 韓国人の友だちは日本に住んでいます。

12 対話文を読んで、問いに答えなさい。 〈2点 × 2問〉

경민: 여보세요? 지금 지하철에서 내렸어요. 여기서 어떻게 가요?
하영: 역 앞에 병원이 있어요. 식당은 그 병원 뒤예요.
경민: 알겠어요.
하영: (　　　　). 모두 식사를 시작했어요.
경민: 미안해요. 곧 가겠어요.

【問1】(　　)に入れるのに適切なものを①～④の中から1つ選びなさい。 39

① 버스를 타고 오세요　　② 빨리 오세요
③ 음식이 맛있어요　　④ 음식이 나왔어요

【問2】本文の内容と一致するものを①～④の中から1つ選びなさい。 40

① 二人はこれから食事に行きます。
② 駅の隣に病院と食堂が並んでいます。
③ ハヨンは食堂でキョンミンを待っています。
④ キョンミンは電車から降りたところです。

模擬試験「聞き取り問題」正答

➡ 第１回模擬試験 聞き取り問題は146ページ、台本は179ページ、解説は216ページへ
第２回模擬試験 聞き取り問題は157ページ、台本は181ページ、解説は222ページへ

●３０分／４０点満点

問題		通し番号	正答		配点
			第１回	第２回	
1	1）	1	④	②	2
	2）	2	①	④	2
	3）	3	③	③	2
2	1）	4	③	②	2
	2）	5	①	④	2
	3）	6	④	③	2
	4）	7	②	①	2
3	1）	8	③	②	2
	2）	9	②	②	2
	3）	10	①	③	2
	4）	11	③	①	2
4	1）	12	③	③	2
	2）	13	②	④	2
	3）	14	①	②	2
	4）	15	④	①	2
5	1）	16	③	④	2
	2）	17	①	②	2
	3）	18	④	③	2
	4）	19	②	①	2
	5）	20	③	④	2
合計		第１回	/40点	第２回	/40点

※ 全問正解になるまで繰り返し練習をしてください。

模擬試験「筆記問題」正答

➡ 第１回模擬試験　筆記問題は151ページ、解説は218ページへ
第２回模擬試験　筆記問題は162ページ、解説は224ページへ

●６０分／６０点満点

問題		通し番号	正答 第１回	正答 第２回	配点
1	1)	1	③	④	1
	2)	2	②	③	1
	3)	3	④	②	1
2	1)	4	④	③	1
	2)	5	②	②	1
	3)	6	③	①	1
	4)	7	①	④	1
3	1)	8	③	③	1
	2)	9	②	④	1
	3)	10	①	②	1
	4)	11	④	①	1
	5)	12	③	③	1
4	1)	13	③	①	2
	2)	14	②	④	2
	3)	15	④	③	2
	4)	16	③	②	2
	5)	17	①	④	2
5	1)	18	④	④	2
	2)	19	②	②	2
	3)	20	①	①	2
	4)	21	③	③	2

問題		通し番号	正答 第１回	正答 第２回	配点
6	1)	22	③	②	2
	2)	23	④	③	2
7	1)	24	①	③	1
	2)	25	④	②	1
	3)	26	②	④	1
8	1)	27	②	③	1
	2)	28	④	①	1
	3)	29	③	④	1
9	1)	30	③	④	1
	2)	31	②	①	1
10	1)	32	④	③	2
	2)	33	③	④	2
	3)	34	①	②	2
	4)	35	②	①	2
	5)	36	③	④	2
11	【問1】	37	②	④	2
	【問2】	38	③	②	2
12	【問1】	39	④	②	2
	【問2】	40	③	③	2

合計	第１回　　/60点	第２回　　/60点

※ 全問正解になるまで繰り返し練習をしてください。

第7章

聞き取り問題台本

聞き取り問題台本

1 イラスト問題

➡ 問題は122ページ、解説は208ページへ

※ 選択肢を2回ずつ読みます。絵の内容に合うものを①～④の中から1つ選んでください。

1） ① 이것은 달입니다.　② 이것은 꽃입니다.
③ 이것은 산입니다.　④ 이것은 강입니다.

2） ① 나무 밑에 새가 있어요.　② 나무 뒤에 소가 있어요.
③ 나무 옆에 소가 있어요.　④ 나무 위에 새가 있어요.

3） ① 차를 세워요.　② 의자에 앉아요.
③ 축구를 해요.　④ 음식을 만들어요.

4） ① 이것은 사과입니다.　② 이것은 고추입니다.
③ 이것은 약입니다.　④ 이것은 우표입니다.

5） ① 의자 위에 가방이 있어요.　② 의자 옆에 우산이 있어요.
③ 의자 밑에 신발이 있어요.　④ 의자 위에 개가 있어요.

6） ① 귀가 아파요.　② 머리가 아파요.
③ 허리가 아파요.　④ 다리가 아파요.

7） ① 이것은 전철입니다.　② 이것은 안경입니다.
③ 이것은 은행입니다.　④ 이것은 우유입니다.

8） ① 책상 위에 시계가 있어요.　② 책상 뒤에 시계가 있어요.
③ 시계 옆에 책이 있어요.　④ 시계 밑에 책이 있어요.

9） ① 식사를 해요.　② 공부를 해요.
③ 눈이 와요.　④ 음식을 만들어요.

10） ① 이것은 돼지입니다.　② 이것은 닭입니다.
③ 이것은 개입니다.　④ 이것은 고양이입니다.

11） ① 책 옆에 전화가 있어요.　② 전화 옆에 연필이 있어요.
③ 책 위에 연필이 있어요.　④ 책상 위에 전화가 있어요.

2 数詞の聞き取り問題

➡ 問題は128ページ、解説は209ページへ

※ 短い文を2回読みます。(　　)の中に入れるのに適切なものを①～④の中から1つ選んでください。

1) 1시 (45)분에 나갔어요.
2) 가방에 책을 (일곱)권 넣었어요.
3) 이 우유는 (2,000)원이에요.
4) 작년 (10월 18일)에 왔어요.
5) 이 호텔은 (37)층에 음식점이 있어요.
6) 내 동생은 (스무) 살입니다.
7) 이 가방은 일본에서 (8,000)엔에 샀어요.
8) (10월 26일)에 시험이 있어요.
9) 공항에서 4시 (30)분에 만나요.
10) 우리 아들은 (열일곱)살입니다.
11) 이 일본어 교과서는 (2,000)엔입니다.
12) (6월 23일)에 보냈습니다.
13) 내일은 오후 1시 (15)분에 오세요.
14) 교실 안에 학생이 (열다섯)명 있어요.
15) 냉면은 (7,000)원입니다.
16) 우리는 (12월 6일)에 결혼했어요.
17) 우리 회사는 (19)층에 있어요.
18) 일본에 (다섯)번 왔어요.
19) 비행기 표 값은 (80,000)원입니다.
20) (6 월 20일)부터 이 일을 시작했습니다.
21) 나는 10시 (50)분에 왔어요.
22) 앞에서 (다섯)번째 자리예요.
23) 우리 학교 학생은 모두 (900)명이에요.
24) 오늘은 (6월 26일) 토요일입니다.
25) 매일 7시 (20)분에 버스를 탑니다.
26) 제 여동생은 (열아홉) 살입니다.
27) 이 볼펜은 (800)원이에요.
28) (5월 8일)에 여행을 갑니다.
29) 고양이가 (세)마리 있어요.
30) 나는 (18)번 버스를 타요.

3 応答文選択問題（1）

➡ 問題は132ページ、解説は210ページへ

※ 問いかけなどの文を2回読みます。その応答文として最も適切なものを①～④の中から1つ選んでください。

1） 생일 축하합니다.
① 실례합니다. ② 반갑습니다. ③ 알겠습니다. ④ 고맙습니다.

2） 거기는 날씨가 어때요?
① 감기에 걸렸어요. ② 눈이 와요. ③ 맛있어요. ④ 안 좋아해요.

3） 저 사람이 누구지요?
① 제 동생이에요. ② 고양이예요. ③ 그것은 사진이에요. ④ 누나가 아니에요.

4） 그럼 또 만나요.
① 시간이 없어요. ② 내일은 안돼요. ③ 네, 또 봐요. ④ 처음 뵙겠습니다.

5） 취미가 뭐예요?
① 돈은 없어요. ② 여행이에요. ③ 우체국이에요. ④ 가을을 좋아해요.

6） 무엇을 시킬까요?
① 야구를 할까요? ② 배가 안 고파요. ③ 고추가 맛있어요. ④ 국밥이 어때요?

7） 시험이 언제예요?
① 금요일에 가요. ② 어렵지 않아요. ③ 모레부터예요. ④ 내일은 없어요.

8） 저분이 영어 선생님이지요?
① 네, 알겠어요. ② 네, 맞아요. ③ 아니요, 제가 아니에요. ④ 아니요, 영어는 못해요.

9） 누구를 만났어요?
① 우리 딸이요. ② 내가 만들었어요. ③ 친구하고 먹었어요. ④ 어제 만났어요.

10） 어디서 왔어요?
① 역 앞에 있어요. ② 버스로 왔어요. ③ 어제 왔어요. ④ 중국에서 왔어요.

11） 은행은 여기서 멀어요?
① 아주 바쁩니다. ② 전철을 타요. ③ 아뇨, 가깝습니다. ④ 네, 6시에 끝나요.

12） 화장실이 어디예요?
① 이것이에요. ② 우체국이에요. ③ 거기가 아니에요. ④ 위층에 있어요.

13） 이 고추 얼마예요?
① 정말 싸요. ② 팔백 원이에요. ③ 여기는 없어요. ④ 세 개 주세요.

14） 몇 시에 갈까요?
① 시월에 갈까요? ② 목요일이 좋아요. ③ 잘 모르겠어요. ④ 다섯 시는 어때요?

15) 생일 선물 고맙습니다.
① 괜찮습니다. ② 정말 축하합니다. ③ 그거 어떠세요? ④ 천만에요.

16) 회사까지 어떻게 가요?
① 일이 바빠요. ② 아홉 시에 시작해요. ③ 지하철로 가요. ④ 일을 해요.

17) 개가 몇 마리예요?
① 네 살이에요. ② 세 시에 밥을 줘요. ③ 세 마리예요. ④ 한 명도 없어요.

18) 그 영화 누구하고 봤어요?
① 어제 봤어요. ② 친구하고 봤어요. ③ 정말 재미있었어요. ④ 그 사람은 안 왔어요.

19) 언제 오셨어요?
① 시장에서 샀어요. ② 토요일에 왔어요. ③ 비는 안 와요. ④ 볼펜이 있어요.

20) 무엇을 시킬까요?
① 빨리 주세요. ② 이것을 살까요? ③ 세 권이에요. ④ 냉면이 어때요?

21) 동생도 영어를 잘해요?
① 다 좋아해요. ② 네, 잘 웃어요. ③ 아뇨, 잘 못해요. ④ 같이 팔아요.

22) 시계가 어디 있어요?
① 책상 위에 있어요. ② 시간이 없어요. ③ 오늘 세 시부터예요. ④ 여기서 봤어요.

4 応答文選択問題（2）

➡ 問題は136ページ、解説は212ページへ

※ ①～④の選択肢を2回ずつ読みます。応答文として最も適切なものを1つ選んでください。

1) 男：언니는 무엇을 해요?
女：(　　　　)
① 음식을 시켰어요. ② 은행에서 일해요.
③ 구름이 많아요. ④ 영어를 잘해요.

2) 男：몇 시에 일어나요?
女：(　　　　)
① 11시에 자요. ② 오후에 와요.
③ 6시 반에요. ④ 주말에만 열어요.

3) 女：제 생일이요? 오늘이에요.
男：(　　　　)
① 오늘이요? 축하해요. ② 미안해요. 오늘은 안돼요.
③ 정말 감사합니다. ④ 무슨 얘기예요?

4) 女 : 공항까지 멀어요?
男 : (　　　　)
① 3시까지 가요.　② 버스를 타고 가요.
③ 비행기 표가 없어요.　④ 여기서 한 시간쯤 걸려요.

5) 男 : 왜 약을 먹어요?
女 : (　　　　)
① 감기약을 먹었어요.　② 오늘은 괜찮아요.
③ 일이 아주 바빠요.　④ 머리가 좀 아파요.

6) 男 : 영어 시험이 내일이죠?
女 : (　　　　)
① 금요일에 시간이 있어요.　② 내일이 아니라 모레예요.
③ 문제는 어렵지 않아요.　④ 내일은 안됩니다.

7) 女 : 가족 모두 키가 커요?
男 : (　　　　)
① 아뇨, 작지 않아요.　② 네, 형은 키가 작아요.
③ 아뇨, 나만 커요.　④ 누나는 결혼했어요.

8) 女 : 여기요, 커피 두 잔 주세요.
男 : (　　　　)
① 누가 왔죠?　② 가지고 갈까요?
③ 아뇨, 지금은 안 계세요.　④ 네, 알겠습니다.

9) 男 : 오늘 수업은 몇 시까지예요?
女 : (　　　　)
① 오전에 다 끝나요.　② 90분이에요.
③ 선생님이 안 왔어요.　④ 수업은 재미있어요.

10) 男 : 무엇을 타고 갈까요?
女 : (　　　　)
① 비행기는 처음 타요.　② 여기서 멀지 않아요.
③ 택시가 어때요?　④ 역이 어디에 있죠?

11) 女 : 저분이 한국어 선생님이죠?
男 : (　　　　)
① 매일같이 오세요.　② 네, 맞습니다.
③ 아뇨, 안돼요.　④ 학교에서 배웠어요.

12) 女 : 1년에 몇 번 외국에 가요?
男 : (　　　　)
① 작년에는 세 번 갔어요.　② 올해는 돈이 없어요.
③ 시간이 없어요.　④ 비행기를 타고 가요.

13) 男：오늘 같이 저녁 먹을까요?
女：(　　　　)
① 불고기를 먹었어요.　　　② 거기는 맛없어요.
③ 좋아요. 어디서 만날까요?　④ 지금 배 고파요?

14) 男：지금 병원에 있어요? 왜요?
女：(　　　　)
① 그것은 몸에 나빠요.　　　② 저도 처음이에요.
③ 아주 배가 고파요.　　　　④ 어제부터 머리가 아파요.

15) 女：이 영어 단어 어떻게 읽어요?
男：(　　　　)
① 우리 형이 잘 알아요.　　　② 잘 모르겠어요.
③ 제 아이가 아니에요.　　　④ 그렇습니까? 잘 알겠습니다.

16) 女：내일 시험, 2시부터가 아니에요?
男：(　　　　)
① 네, 4시에 끝나요.　　　　② 아뇨, 제 아내예요.
③ 네, 맞아요, 2시부터예요.　④ 아뇨, 내일은 안돼요.

5 文の内容一致問題

➡ 問題は140ページ、解説は214ページへ

※ 対話文を2回読みます。その内容と一致するものを①～④の中から1つ選んでください。

1) 男：유미 씨는 고기와 생선, 어느 것을 좋아해요?
女：나는 생선을 좋아해요. 고기는 안 좋아해요.

2) 男：회사까지 어떻게 다녀요?
女：지하철로 다녀요.

3) 男：일본에 몇 번 갔죠?
女：이번이 처음이었어요.

4) 男：다음 달에 중국으로 여행을 가요.
女：누구하고요?
男：가족과 같이 가요. 오늘 비행기 표를 샀어요.

5) 女：야구는 몇 시부터 해요?
男：6시 반부터요. 집에서 TV(티브이)로 보고 싶어요.
女：그럼 빨리 집에 가세요. 지금 5시 반이에요.

6) 男：수업은 다 끝났어요?
女：저는 오늘은 오후 2시부터예요. 오전에는 없어요.

7) 男：날씨가 덥죠? 냉면을 시킬까요?
女：저는 비빔밥을 먹고 싶어요.

8) 男：언니도 키가 커요?
女：언니는 나보다 작아요. 우리 집에서 제일 작아요.

9) 女：형이 있어요?
男：아뇨, 형은 없고 누나는 있어요.
女：저도 언니만 한 명 있어요.

10) 女：배는 좀 어때요? 괜찮아요?
男：약을 먹었지만 지금도 아파요.
女：그래요? 그러면 빨리 병원에 가세요.

11) 男：공항까지 어떻게 가요?
女：공항이요? 저기 은행 앞에서 버스를 타세요.

12) 男：우리 누나가 이번 주 토요일에 결혼해요.
女：그래요? 축하해요.

13) 男：언니가 있어요?
女：네, 나이가 나보다 네 살 위예요.

14) 男：한국어는 어디서 배웠어요?
女：대학에서요. 일주일에 두 시간 한국어 수업이 있었어요.
男：두 시간이요? 그런데 정말 잘해요.

15) 男：민수 씨는 어디 갔어요?
女：지금 손님하고 이야기하고 있어요. 곧 끝나요.
男：알겠습니다. 그럼 여기서 좀 기다리겠습니다.

16) 男：나는 형은 없고 누나가 둘 있어요.
女：나는 언니는 없고 오빠가 둘 있어요.

第1回 模試試験 聞き取り問題

➡ 問題は146ページ、解説は216ページへ

1 選択肢を2回ずつ読みます。絵の内容に合うものを①～④の中から1つ選んでください。

1) ① 이것은 구두입니다.　② 이것은 책입니다.
③ 이것은 치마입니다.　④ 이것은 우산입니다.

2) ① 책상 위에 시계가 있습니다.　② 책상 옆에 시계가 있습니다.
③ 책상 밑에 시계가 있습니다.　④ 책상 앞에 시계가 있습니다.

3) ① 이름을 씁니다.　② 빵을 삽니다.
③ 식사를 합니다.　④ 바지를 입습니다.

2 短い文を2回読みます。(　　)の中に入れるのに適切なものを①～④の中から1つ選んでください。

1) 여기서 차로 (50)분쯤 걸려요.
2) 이 아이는 (일곱) 살이에요.
3) (8,000)원에 샀어요.
4) 내 생일은 (10월 6일)이에요.

3 問いかけなどの文を2回読みます。その応答文として最も適切なものを①～④の中から1つ選んでください。

1) 우체국이 어디예요?
① 이번주에 가세요.　② 여기는 화장실이 없어요.
③ 은행 옆이에요.　④ 어젯밤에 읽었어요.

2) 영어 시험이 언제지요?
① 20살이죠.　② 수요일이에요.
③ 잘 못해요.　④ 외국입니다.

3) 내일 뭐 하세요?
① 친구하고 영화를 봐요.　② 대학교가 멀어요.
③ 내년에 여행을 가고 싶어요.　④ 가족과 같이 산에 갔어요.

4) 배가 고파요.
① 정말 모르겠어요?　② 약을 먹었습니까?
③ 이 빵을 줄까요?　④ 문제가 어렵습니까?

4 ①～④の選択肢を2回ずつ読みます。応答文として最も適切なものを1つ選んでください。

1) 男：비가 많이 와요. 우산 있어요?
女：(　　　　)
① 네, 날씨가 안 좋아요.　② 나도 모르겠어요.
③ 네, 가지고 왔어요.　④ 아뇨. 안 해요.

2) 男：몇 시부터 수업이에요?
女：(　　　　)
① 2시에 오세요.　② 오늘은 없어요.
③ 1시간 걸려요.　④ 9시까지 일해요.

3) 女：감기에 걸렸어요.
男：(　　　　)
① 약은 먹었어요?　② 같이 먹을까요?
③ 머리가 아파요.　④ 그럼 천천히 하세요.

4) 女：좀 늦었어요. 미안해요.
男：(　　　　)
① 죄송합니다.　② 정말 바빠요.
③ 여기서 기다리세요.　④ 괜찮아요.

5 対話文を2回読みます。その内容と一致するものを①～④の中から1つ選んでください。

1) 男：집에서 누가 제일 키가 커요?
女：우리 아버지요.

2) 男：우표를 사고 싶어요. 우체국이 어디예요?
女：우체국은 저기 빵집 옆에 있어요.

3) 男：민영 씨, 일본어 교과서 샀어요?
女：아뇨, 오늘 돈이 없었어요.

4) 女：수미 씨가 결혼했어요.
男：정말이요? 언제요?
女：지난달에요. 나도 오늘 처음 알았어요.

5) 男：내일 같이 바다에 갈까요?
女：바다요? 가고 싶어요. 그런데 내일도 회사예요.
男：회사요? 일요일에도 일해요?

第2回 模試試験 聞き取り問題

➡ 問題は157ページ、解説は222ページへ

1 選択肢を2回ずつ読みます。絵の内容に合うものを①～④の中から1つ選んでください。

1） ① 이것은 옷입니다.　② 이것은 신발입니다.
③ 이것은 양말입니다.　④ 이것은 비행기입니다.

2） ① 차 밑에 개가 있어요.　② 차 뒤에 개가 있어요.
③ 차 위에 개가 있어요.　④ 차 앞에 개가 있어요.

3） ① 노래를 해요.　② 차를 마셔요.
③ 신문을 읽어요.　④ 택시를 타요.

2 短い文を2回読みます。(　　)の中に入れるのに適切なものを①～④の中から1つ選んでください。

1） (97)번 버스를 타고 왔어요.
2） 우표를 (다섯) 장 샀어요.
3） 이 바지는 (40,000)원이에요.
4） (10월 11일)에 가게를 열었어요.

3 問いかけなどの文を2回読みます。その応答文として最も適切なものを①～④の中から1つ選んでください。

1） 선생님, 정말 오래간만입니다.
① 실례합니다.　② 반가워요.
③ 천천히 오세요.　④ 천만예요.

2） 생일이 언제입니까?
① 네, 스무 살입니다.　② 모레입니다.
③ 네, 멉니다.　④ 둘째 아들입니다.

3） 오늘 일본 날씨는 어때요?
① 다음 달에 할머니가 오세요.　② 낮에 택시를 탔어요.
③ 비가 많이 내려요.　④ 한국의 겨울은 춥습니다.

4） 커피에 설탕을 넣을까요?
① 네, 부탁해요.　② 네, 싫어요.
③ 네, 마셔요.　④ 네, 없어요.

4 ①〜④の選択肢を2回ずつ読みます。応答文として最も適切なものを1つ選んでください。

1) 男：저 식당은 몇 시에 문을 열어요?
女：(　　　　)
① 11시에 오세요.　② 정말 배가 고파요.
③ 모르겠어요.　④ 12시까지 일했어요.

2) 男：단어 문제는 어렵지 않습니까?
女：(　　　　)
① 연필로 씁니다.　② 아주 가깝습니다.
③ 너무 재미없습니다.　④ 다 쉽습니다.

3) 女：언제 일을 시작해요?
男：(　　　　)
① 수요일도 괜찮아요.　② 다음 달부터요.
③ 내일도 바빠요.　④ 다음 주에 보내요.

4) 女：토요일에 영화 볼까요?
男：(　　　　)
① 네, 좋지요.　② 아니요, 회사에 갔어요.
③ 네, 다 봤어요.　④ 일요일에는 시간이 있어요.

5 対話文を2回読みます。その内容と一致するものを①〜④の中から1つ選んでください。

1) 男：그 한국 드라마 봤어요?
女：네, 지금 보고 있어요. 너무 재미있어요.

2) 男：오늘 같이 저녁 먹을까요?
女：네, 좋아요.

3) 男：여기서 서울역은 어떻게 가죠?
女：미안해요. 잘 모르겠어요.

4) 男：지금도 비가 와요?
女：네, 그렇지만 많이는 안 와요.
男：그럼 조금 더 기다릴까요?

5) 女：여보세요. 지금 어디예요?
男：지금 공항 역에 내렸어요. 미호 씨는요?
女：나는 지금 전철 안이에요. 거기서 10분만 기다리세요.

第8章

解説編

筆記問題解説

第1章 発音と表記問題

1 発音問題

➡ 解説で取り上げている発音規則の詳細は次のページの合格資料を参照してください。
・パッチムの発音：17ページ、連音化：18ページ、鼻音化：20ページ、
濃音化：20ページ、ㅎ（ヒウッ）脱落と弱化：19ページへ

➡ 問題は22ページへ

※ 発音どおり表記したものを①～④の中から1つ選びなさい。

1) 正解 ❹ 식당 [식땅] 食堂：「ㄱ+ㄷ ➡ ㄱ+ㄸ」の濃音化で、식당[식땅]と音変化。

2) 正解 ❷ 입습니다 [입씀니다] 着ます：「ㅂ+ㅅ ➡ ㅂ+ㅆ」の濃音化+습니다の鼻音化で、「입+습+니다→ 입+씁+니다→ 입+씀+니다」と音変化。

3) 正解 ❸ 넣어요 [너어요] 入れます：「넣」の終声「ㅎ」が母音音節の前で脱落し、「넣+어요→ 너+어요」と音変化。

4) 正解 ❶ 겨울입니다 [겨우림니다] 冬です：連音化+ㅂ니다の鼻音化で、「겨울+입+니다 → 겨우+림+니다」と音変化。

5) 正解 ❸ 같다 [갇따] 同じだ：「ㄷ+ㄷ ➡ ㄷ+ㄸ」の濃音化で、「같+다→ 갇+다→ 갇+따」と音変化。

6) 正解 ❹ 월요일 [워료일] 月曜日：「월+요일→ 워+료일」と連音化。

7) 正解 ❷ 짧아요 [짤바요] 短いです：二文字の連音化で、「짧+아요→ 짤+바요」と音変化。

8) 正解 ❶ 많이 [마니] たくさん：パッチム「ㄶ」は右側のㅎが母音音節の前で脱落し、残りの左側の子音「ㄴ」が連音する。「많+이→ 만+이→ 마+니」と音変化。

9) 正解 ❸ 읽습니다 [익씀니다] 読みます：ㄺの代表音、「ㄱ+ㅅ ➡ ㄱ+ㅆ」の濃音化、습니다の鼻音化で、「읽+습+니다→ 익+씁+니다→ 익+씀+니다」と音変化。

10) 正解 ❹ 만듭니다 [만듬니다] 作ります：ㅂ니다の鼻音化で、「만듭+니다→ 만듬+니다」と音変化。

11) 正解 ❷ 괜찮아요 [괜차나요] 大丈夫です：パッチム「ㄶ」は右側の「ㅎ」が母音音節の前で脱落し、残りの子音「ㄴ」が連音する。「괜찮+아요→ 괜찬+아요→ 괜차+나요」と音変化。

12) 正解 ❸ 십일월 [시비뤌] 11月：「십+일+월→ 시+비+뤌」と連音化。

13) 正解 ❹ 학교 [학꾜] 学校：「ㄱ+ㄱ ➡ ㄱ+ㄲ」の濃音化で、「학+교→ 학+꾜」と音変化。

14) 正解 ❶ 맛있어요 [마시써요] 美味しいです：「맛+있+어요→ 마+시+써요」と連音化。

15) 正解 ❸ 금요일입니다 [그묘이림니다] 金曜日です：連音化+ㅂ니다の鼻音化で、「금+요일+입+니다→ 그+묘이+림+니다」と音変化。

16) 正解 ❷ 값이 [갑씨] 値段が：連音化+「ㅂ+ㅅ ➡ ㅂ+ㅆ」の濃音化で、「값+이→ 갑+시→ 갑+씨」と音変化。

17) 正解 ❹ 옆입니다 [여핌니다] 隣です：連音化+ㅂ니다の鼻音化で、「옆+입+니다→ 여+핌+니다」と音変化。

18) 正解 ❸ 학생입니다 [학쌩임니다] 学生です：「ㄱ+ㅅ ➡ ㄱ+ㅆ」の濃音化+ㅂ니다の鼻音化で、「학+생+입+니다→ 학+쌩+임+니다」と音変化。

19) 正解 ❶ 무엇입니까 [무어심니까] 何ですか：連音化+ㅂ니다の鼻音化で、「무엇+입+니까→ 무어+심+니까」と音変化。

20) 正解 ❸ 싫어요 [시러요] いやです：ㅎ脱落+連音化で、「싫+어요→ 실+어요→ 시+러요」と音変化。

21) 正解 ❷ 숙제 [숙쩨] 宿題：「ㄱ+ㅈ ➡ ㄱ+ㅉ」の濃音化。

22) 正解 ❹ 잊었어요 [이저써요] 忘れました：「잊+었+어요→ 이+저+써요」と連音化。

23) 正解 ❸ 놓아요 [노아요] 置きます：ㅎ脱落で、「놓+아요→ 노+아요」と音変化。

24) 正解 ❷ 없지요 [업찌요] ありません：ㅄの代表音+「ㅂ+ㅈ ➡ ㅂ+ㅉ」の濃音化で、「없+지요→ 업+지요→ 업+찌요」と音変化。

25) 正解 ❹ 축구 [축꾸] サッカー：「ㄱ+ㄱ ➡ ㄱ+ㄲ」の濃音化。

26) 正解 ❶ 칠월입니다 [치뤄림니다] :7月です：連音化+ㅂ니다の鼻音化で、「칠+월+입+니다→ 치+뤄+림+니다」と音変化。

27) 正解 ❸ 높습니다 [놉씀니다] 高いです：ㅍの代表音+「ㅂ+ㅅ ➡ ㅂ+ㅆ」の濃音化+ㅂ니다の鼻音化で、「높+습+니다→ 놉+씁+니다→ 놉+씀+니다」と音変化。

28) 正解 ❷ 많아요 [마나요] 多いです：ㅎ脱落+連音化で、「많+아요→ 만+아요→ 마+나요」と音変化。

29) 正解 ❸ 책상이 [책쌍이] 机が：「ㄱ+ㅅ ➡ ㄱ+ㅆ」の濃音化で、「책+상+이→ 책+쌍+이」と音変化。

30) 正解 ❹ 덥다 [덥따] 暑い：「ㅂ+ㄷ ➡ ㅂ+ㄸ」の濃音化。

31) 正解 ❷ 없습니다 [업씀니다] ありません：ㅄの代表音+「ㅂ+ㅅ ➡ ㅂ+ㅆ」の濃音化+ㅂ니다の鼻音化で、「없+습+니다→ 업+씁+니다→ 업+씀+니다」と音変化。

32) 正解 ❸ 앉아요 [안자요] 座ります：「앉+아요→ 안+자요」と連音化。

33) 正解 ❶ 춥습니까 [춥씀니까] 寒いですか：「ㅂ+ㅅ ➡ ㅂ+ㅆ」の濃音化+ㅂ니다の鼻音化で、「춥+습+니까→ 춥+씀+니까」と音変化。

34) 正解 ❷ 앞입니다 [아핌니다] 前です：連音化+ㅂ니다の鼻音化で、「앞+입+니다→ 아+핌+니다」と音変化。

35) 正解 ❸ 좋아요 [조아요] 良いです：ㅎが母音音節の前で脱落して、「좋+아요→ 조+아요」と音変化。

第8章 解説編

2 表記問題

➡ 問題は26ページへ

※ 次の日本語に当たる単語を正しく表記したものを①～④の中から１つ選びなさい。

1) 正解 ❹ 眼鏡：안경
2) 正解 ❷ 花：꽃
3) 正解 ❸ 顔：얼굴
4) 正解 ❶ 早く：빨리
5) 正解 ❸ 趣味：취미
6) 正解 ❷ 腰：허리
7) 正解 ❹ 泣く：울다
8) 正解 ❶ 誕生日：생일
9) 正解 ❸ ねこ：고양이
10) 正解 ❷ 単語：단어
11) 正解 ❹ 唐辛子：고추
12) 正解 ❷ 初めて：처음
13) 正解 ❹ 履き物：신발
14) 正解 ❶ 家族：가족
15) 正解 ❸ 時計：시계
16) 正解 ❷ 空腹だ：고프다
17) 正解 ❹ 試験：시험
18) 正解 ❸ だめです：안됩니다
19) 正解 ❶ 売る：팔다
20) 正解 ❹ 易しい：쉽다
21) 正解 ❸ トイレ：화장실
22) 正解 ❷ 鉛筆：연필
23) 正解 ❹ 病気：병
24) 正解 ❶ すべて：모두
25) 正解 ❸ ところで：그런데
26) 正解 ❹ 脱ぐ：벗다
27) 正解 ❷ 座る：앉다
28) 正解 ❶ 入れる：넣다
29) 正解 ❸ 大丈夫だ：괜찮다
30) 正解 ❹ 美味しい：맛있다
31) 正解 ❷ 悪い：나쁘다
32) 正解 ❸ 探す：찾다
33) 正解 ❹ 遅いです：늦어요
34) 正解 ❷ もらいます：받아요
35) 正解 ❸ 低いです：낮아요

第2章　語彙問題

➡ 解説で取り上げている5級出題範囲の語彙は次のページの合格資料を参照してください。
・名詞：39ページ・動詞：43ページ・形容詞：44ページ・副詞：44ページ・連語：45ページ

1 単語選択問題

➡ 問題は46ページへ

※ 次の日本語に当たるものを①～④の中から1つ選びなさい。

1）　名前
　① 夏　② この方　③ 今回　❹ 名前
2）　5歳
　① 5ウォン　❷ 5歳　③ 5年　④ 5時
3）　そこ
　① あそこ　② それ　❸ そこ　④ 肉
4）　息子
　① 妻　❷ 息子　③ 子供　④ 娘
5）　音楽
　❶ 音楽　② 外国　③ 銀行　④ 食べ物
6）　心
　① 体　② いま　③ 言葉　❹ 心
7）　海
　① 春　② ズボン　❸ 海　④ 頼み、お願い
8）　手紙
　① 切手　❷ 手紙　③ 文、文章　④ 問題
9）　果物
　① 冬　② 秋　③ 雲　❹ 果物
10）おじさん
　① 話　② おじいさん　❸ おじさん　④ おばさん
11）いす
　❶ いす　② 傘　③ 医者　④ 午前
12）絵
　① 雲　② 国　❸ 絵　④ 気分
13）どこ
　① どの　② どんな　③ 昨日　❹ どこ
14）すぐ
　① もっと　❷ すぐ　③ 再び　④ それでは
15）あさって
　❶ あさって　② 明日　③ 次　④ 昨日
16）胸
　① 心　② 秋　❸ 胸　④ 腰
17）鳥
　① 鶏　② 牛　③ 犬　❹ 鳥

18）7個
① 5個　❷ 7個　③ 9個　④ 8個
19）泣く
❶ 泣く　② 分かる　③ 笑う　④ 開ける
20）遊ぶ
① 入れる　② 置く　❸ 遊ぶ　④ 高い
21）小さい
① 寒い　❷ 小さい　③ 低い　④ 遅い
22）待つ
① 教える　② 過ぎる　③ 終わる　❹ 待つ
23）（値段が）高い
① 短い　② 忙しい　❸（値段が）高い　④ 送る
24）遠い
① 長い　❷ 遠い　③ 同じだ　④ 近い
25）うまくいく
① 大丈夫だ　② 易しい　③ 面白い　❹ うまくいく
26）脱ぐ
① 開ける　❷ 脱ぐ　③ 着る　④ 受ける
27）嫌いだ
❶ 嫌いだ　② 暑い　③ 冷たい　④ まずい
28）知らない
① 難しい　② 痛い　❸ 知らない　④ 悪い
29）低い
① 小さい　② 高い　③ 寒い　❹ 低い
30）冷たい
① 寝る　❷ 冷たい　③ 探す　④ あげる、くれる
31）閉める
① かかる　② 受ける、もらう　❸ 閉める　④ 売る
32）遅い
❶ 遅い　② 高い　③ 同じだ　④ 暑い
33）それでは
① ところで、ところが　❷ それでは　③ そして　④ しかし、けれども
34）いつ
① どこ　② どんな　③ どのように　❹ いつ
35）いつも
① 先に　❷ いつも　③ ゆっくり　④ 早く

2 短文の空所補充問題

➡ 問題は50ページへ

※（　　）の中に入れるのに最も適切なものを①～④の中から1つ選びなさい。

1）（　　）で試験勉強をしました。
① 時計　❷ 図書館　③ 単語　④ 銀行
2）空港で（　　）を撮りました。
① 地下鉄　② 外国　❸ 写真　④ 旅行
✎ 사진을 찍다：写真を撮る

3) 姉は (　　) をかけます。

① 切手　② 履き物　③ 机　❹ 眼鏡

✎ 안경을 쓰다 : 眼鏡をかける、이름을 쓰다 : 名前を書く

4) コーヒーの (　　) がとても高いです。

❶ 値段　② 味　③ 酒　④ 水

5) 姉はいま (　　) に勤めています。

① 歌　② 結婚　❸ 会社　④ 試験

✎ 韓国語では同じ姉、兄であっても性別によって呼び方が異なる。妹から見ての「姉」は「언니」、「兄」は「오빠」、弟から見ての「姉」は「누나」、「兄」は「형」と呼ぶ。

6) 来月 (　　) に行きます。

① 歌　② プレゼント　③ 飛行機　❹ 旅行

✎ 「旅行に行く」は「여행을 가다」と言う。「여행에 가다」とは言わない。

7) 毎日 (　　) を読みます。

① 音楽　② 勉強　❸ 新聞　④ 食事

8) 木の上に (　　) が1羽います。

① 耳　❷ 鳥　③ 犬　④ 牛

9) 風邪ですか。(　　) は飲みましたか。

❶ 薬　② 水　③ 酒　④ スープ

10) この店は (　　) が安いです。

① お客さん　② 二十　③ 胸　❹ 果物

11) うちの娘は今日 (　　) を履きました。

① 時計　② 眼鏡　❸ ズボン　④ 履き物

✎ 韓国語では、服の場合、「着る」と「履く」の区別はなく上下服すべて「입다」を用いる。
スカート/ズボンを履く : 치마 / 바지를 입다,　服/セーターを着る : 옷 / 스웨터를 입다

12) 母は学校で (　　) を教えています。

① 銀行　❷ 日本語　③ 会社　④ ホテル

✎ 「日本語」は「일본어」のほかに「일어 (日語)」という表現もよく使われる。

13) (　　) をひきました。

❶ 風邪　② 夏　③ 気分　④ 電車

14) いま外は (　　) がたくさん降っています。

① 電話　② 月　❸ 雪　④ 花

15) (　　) をさします。

① ボールペン　② 新聞　③ 紙　❹ 傘

✎ 쓰다 : ① 書く　② かける、かぶる　③ 使う　④ さす、かざす
・이름을 쓰다 : 名前を書く　・안경을 쓰다 : 眼鏡をかける
・돈을 쓰다 : お金を使う　・우산을 쓰다 : 傘をさす

16) (　　) でお金をおろしました。

① 汽車、列車　❷ 銀行　③ 教室　④ 図書館

✎ 돈을 찾다 : お金をおろす

第8章 解説編

17) (　　) を1冊買いました。

① 靴　② 鉛筆　③ 試験　❹ 本

18) その人は名前だけ (　　)。

① 開けます　② 遊びます　❸ 知っています　④ 入れます

19) 今日はリンゴがとても (　　)。

❶ 安いです　② 止めます　③ 買います　④ 使います

20) 私には問題がとても (　　)。

① 同じです　❷ 難しいです　③ 高いです　④ 遠いです

21) 学校の前でバスを (　　)。

① 送ります　② 出て行きます　③ 注文します　❹ 降ります

22) 今朝は6時に (　　)。

① 泣きました　② 思いました　❸ 起きました　④ 通いました

23) 部屋の中でも靴を (　　)。

① 遊びますか　❷ 履きますか　③ 出しますか　④ 乗りますか

✎ ズボンやスカートを「履く」は「입다」、靴や靴下などを「履く」は「신다」が用いられる。
바지 / 치마를 입다 : ズボン/スカートを履く、구두 / 양말을 신다 : 靴/靴下を履く

24) 誰がドアを (　　)。

① 出ましたか　② もらいましたか　③ 脱ぎましたか　❹ 閉めましたか

25) 今日、韓国映画を (　　)。

① 行きました　② 売りました　❸ 見ました　④ 忘れました

26) 切手を1 (　　) ください。

① 階　❷ 枚　③ 名、人　④ 冊

27) うちの家族は全部で5 (　　) です。

❶ 人、名　② 冊　③ 回、番　④ 匹、羽

28) 妹は今年20 (　　) です。

① 回、番　② 個　③ 冊　❹ 歳

29) うちの会社は7 (　　) にあります。

① 枚　② 年　❸ 階　④ ウォン

30) 教科書を2 (　　) カバンに入れました。

❶ 冊　② 時　③ 番、回　④ 匹、羽

31) 料理は何を (　　)。

① 降りましょうか　② 飲みましょうか　❸ 注文しましょうか　④ 学びましょうか

32) 息子は眼鏡を (　　)。

① 着ます　❷ かけます　③ 冷たいです　④ 履きます

33) 早くドアを (　　)。

① 読んでください　② してください　❸ 開けてください　④ 出してください

34) あのホテルの前で車を（　　）。
① 作ってください　② 探してください　③ 撮ってください　❹ 止めてください
✎ 차를 세우다：車を止める

35) この傘を（　　）。
① 乗ってください　❷ さしてください　③ 忘れてください　④ 言ってください

3 対話文の空所補充問題

➡ 問題は54ページへ

※（　　）の中に入れるのに最も適切なものを①～④の中から1つ選びなさい。

1) A：この写真の男の子は誰ですか。
B：うちの姉の（　　）です。
① 娘　② 夫　③ 弟　❹ 息子

2) A：何を飲みましたか。
B：（　　）を飲みました。
① クッパ　❷ 牛乳　③ 塩　④ 砂糖

3) A：そちらの（　　）はどうですか。
B：とても暑いです。
① 問題　② 単語　❸ 天気　④ 音

4) A：この男性がミンスさんの弟さんですか。
B：いいえ。この人はミンスさんの（　　）です。
① 妻　❷ お兄さん　③ 娘　④ 姉

5) A：私は夏が好きです。
B：私は夏より（　　）がもっと好きです。
❶ 春　② 初めて　③ 胸　④ 雲

6) A：会社まではどのように来ますか。
B：（　　）で来ます。
① ズボン　② 履き物　❸ 電車　④ 趣味

7) A：昨日（　　）を買いました。
B：目が悪いのですか。
① 薬　❷ 眼鏡　③ 下着　④ 砂糖

8) A：いま銀行に行きます。
B：（　　）をおろしますか。
① 花　② 春　③ 酒　❹ お金
✎ 돈을 찾다：お金をおろす

9) A：あの店は何時に（　　）が開きますか。＝営業をはじめるんですか。
B：10時に開きます。
① 仕事　② お金　❸ ドア、戸　④ 文

✎ 문을 열다:「戸を開ける」の意味だが、転じて、「店が開く」、「営業が始まる」の意味でも用いられる。したがって「몇 시에 문을 열어요?」は「何時に（店が）開きますか。」

10) A：金先生にいつ会いましたか。

B：(　　) 会いました。

① 来年　❷ 先週　③ 来月　④ あさって

11) A：家から空港までどのように行きますか。

B：(　　) で行きます。

❶ 地下鉄　② 明日　③ 飛行機　④ 紙

12) A：いつまで韓国に住んでいましたか。

B：(　　) の3月まで住んでいました。

① あさって　② 来年　③ 来月　❹ 去年

13) A：時計は (　　)。

B：はい、机の上にありました。

① かかりましたか　❷ 見つかりましたか　③ 高かったですか　④ 閉めましたか

✎ 찾다：① 見つける、見つかる　② 探す　③（お金を）おろす　④ 訪ねる　⑤ 求める

14) A：韓国語の試験は (　　)。

B：いいえ、試験は来週です。

① 学びましたか　② 言いましたか　❸ 受けましたか　④ 出ましたか

✎ 시험을 보다：試験を受ける

15) A：映画は何時に (　　)。

B：4時半からです。

❶ 始まりますか　② 教えますか　③ かかりますか　④ 終わりますか

16) A：昨日から風邪をひいています。

B：薬は (　　)。

① 飲みましたか　② 出ましたか　③ 作りましたか　❹ 飲みましたか

✎「薬を飲む」は韓国語では「약을 먹다」という。「약을 마시다」も使えなくはないが、特に飲み薬を飲むことを強調していう場合以外は「약을 먹다」が一般的に用いられる。「먹다」は「食べる」の意のほかに、「飲む」の意で用いられることもある。술을 먹다：酒を飲む

17) A：韓国は牛肉が安いですか。

B：いいえ、とても (　　)。

①（高さが）高いです　② 小さいです　❸（値段が）高いです　④ 低いです

✎「높다」は高さが高いことを、「비싸다」は値段が高いことを表わす。

・산이 높다：山が高い　・과일이 아주 비싸다：果物がとても高い

18) A：今日、そちらの天気はどうですか。

B：雪がたくさん (　　)。

① 止めます　② 過ぎます　③ 送ります　❹ 降っています

19) A：お姉さんも眼鏡を (　　)。

B：はい、目が良くないです。

❶ かけますか　② 買いますか　③ 寝ますか　④ 乗りますか

✎ 쓰다：① 書く　② かける、かぶる　③ 使う　④ さす、かざす

・이름을 쓰다：名前を書く　・안경을 쓰다：眼鏡をかける

・돈을 쓰다：お金を使う　・우산을 쓰다：傘をさす

20) A:いまの会社でいつから (　　)。

B:去年の3月からです。

① 考えましたか　② 始めましたか　❸ 働いていますか　④ 起きましたか

✎ 語尾「-았-/-었-」は一部の動詞と結合して現在、完了持続の意味としても用いられる。

・동생은 오늘 치마를 입었어요.　妹は今日スカートを履いています。

・그 사람은 작년부터 알았어요.　彼は去年から知っています。

21) A:週末は何をしますか。

B:友だちと料理を (　　)。

① 開きます　❷ 作ります　③ 脱ぎます　④ 忘れます

22) A:家はここから遠いですか。

B:いいえ、とても (　　)。

① 多いです　② 短いです　③ 易しいです　❹ 近いです

23) A:弟 (妹) も背が高いですか。

B:いいえ、弟(妹)は背が (　　)。

① 長いです　❷ 低い (小さい) です　③ 高いです　④ (高さが) 低いです

✎「背が高い」は「키가 크다」、「背が低い」は「키가 작다」という。「크다, 작다」の本来の意味は「大きい、小さい」である。「낮다」は高さ、気温、地位、水準などが「低い」ことに用いられる。

24) A:私は魚より肉のほうが (　　) 好きです。

B:私もそうです。

① すぐ　❷ もっと　③ すべて、全部　④ また

25) A:時間がありません。

B:では (　　) 行ってください。

① 一緒に　② ゆっくり　③ 全部、みな　❹ 先に

26) A:お客さん、この傘が安くて良いです。

B:(　　) その傘をください。

❶ それでは　② しかし　③ ところが　④ そして

✎ 그러면=그럼:それでは、それなら、では、じゃあ

27) A:その人は今日 (　　) 会いましたか。

B:いいえ。去年一度会いました。

① とても　❷ 初めて　③ いちばん　④ 本当に

4 語句の置き換え問題

➡ 問題は58ページへ

※ 文の意味を変えずに、下線部の言葉と置き換えが可能なものを①～④の中から1つ選びなさい。

1) 魚は好きではありません。

① つまらないです　② 悪いです　③ 教えます　❹ 嫌いです

2) 銀行は何時に開きますか。

① 出て行きますか　❷ 始まりますか　③ かかりますか　④ 降りますか

3） 会社の仕事はいつ終わりますか。

① いつからですか　② 何ですか　❸ 何時までですか　④ どこですか

4） 姉は料理が上手です。

① 本当に美味しいです ② また食事をします ③ 料理を注文します ❹ 料理が上手です

✎ 잘：① 上手に、うまく　② よく、しばしば　③ 十分に、詳しく　④ 無事に　⑤ よろしく

・잘 만들다：上手に作る＝上手だ　・잘 모르겠다：よくわからない

・잘 있다：無事にいる＝元気だ　・잘 부탁합니다：よろしくお願いします

5） どこで車を止めましょうか。

❶ 降りますか　② 食べますか　③ 買いますか　④ 飲みますか

6） 中国人と中国語で話しました。

① 学びました　❷ 話しました　③ 起きました　④ 使いました

✎ 쓰다：① 書く　② かける、かぶる　③ 使う　④ さす、かざす

7） 韓国にまた行きたいです。

① すぐ　② 全部　③ もっと　❹ また

8） 姉は大学で日本語を教えています。

① 大学生です　② 医者です　❸ 先生です　④ 日本人です

9） ここから病院は遠くありません。

① 小さいです　❷ 近いです　③ 短いです　④ 同じです

10）昨日から天気が良くないです。

❶ 悪いです　② 安いです　③（おなかが）空きました　④ 痛いです

11）果物は先週より値段が下がりました。

① 冷たいです　② 低いです　❸ 安いです　④ 小さいです

12）昨日は体の具合が悪かったです。

① 忙しかったです　❷ 体の具合が悪かったです ③ 悪かったです　④（おなかが）空いていました

✎ 몸이 안 좋다：体の具合が悪い、体調が悪い

아프다：① 痛い　② 体の具合が悪い

・허리 / 머리 / 다리가 아파요：腰/頭/足が痛いです

13）今日は雪がたくさん降っています。

① 不愉快です　② 暑くありません　③ お客さんが多いです ❹ 天気がよくないです

✎ 기분이 나쁘다：不愉快だ、気分が悪い（「体調が悪い」との意味には用いない）

14）教室に何人いますか。

① 何番、何回　❷ 何人　③ 何階　④ 何冊

15）土曜日は友だちとご飯を食べました。

① 料理を作ります　② 料理しました　③ 注文します　❹ 食事しました

16）その鉛筆はどこで売っていますか。

① どこが安いですか　② どこで寝ますか　❸ どこで買いますか　④ どこに書きますか

17） 私はクッパにします。

① クッパを作ります　❷ クッパを注文します ③ クッパを習います　④ クッパを撮ります

第3章 文法と定型表現問題

➡ 解説で取り上げている5級出題範囲の文法事項、あいさつなどの表現は次のページの合格資料を参照してください。
・脱落活用と母音縮約：66ページ、助詞：71ページ、語尾：73ページ、慣用表現：75ページへ
・あいさつなどの表現：70ページへ

合格資料－１５ 語尾の結合練習

※ 次の用言と語尾を正しく結合してみよう。 ➡ 問題は67ページへ

基本形		語幹＋ㅂ니다/습니다	語幹＋아요/어요
배우다	学ぶ	배웁니다	배워요
좋아하다	好きだ	좋아합니다	좋아해요
나오다	出てくる	나옵니다	나와요
기다리다	待つ	기다립니다	기다려요
나쁘다	悪い	나쁩니다	나빠요
보다	見る	봅니다	봐요
비싸다	高い（値段が）	비쌉니다	비싸요
길다	長い	깁니다	길어요
일하다	働く	일합니다	일해요
크다	大きい	큽니다	커요
다니다	通う	다닙니다	다녀요
공부하다	勉強する	공부합니다	공부해요
보내다	送る	보냅니다	보내요
만나다	会う	만납니다	만나요
만들다	作る	만듭니다	만들어요
마시다	飲む	마십니다	마셔요
자다	寝る	잡니다	자요
주다	くれる	줍니다	줘요
잘하다	上手だ	잘합니다	잘해요

1 用言の活用問題

➡ 問題は76ページ、5級出題範囲の脱落活用と母音縮約は66ページへ

※（　　）の中に入れるのに適切なものを①～④の中から1つ選びなさい。

1） 朝から雨がたくさん（降っています）。
正解 ❸ 오다 降る：오+아요→ 와요

2） 食堂で食事を（します）。
正解 ❷ 하다 する：하+여요→ 해요

3） 姉は髪がとても（長いです）。
正解 ❹ 길다 長い：(ㄹ脱落) 길+ㅂ니다→ 기+ㅂ니다→ 깁니다

4) 母は高校で英語を（教えています）。

正解 ❷ 가르치다 教える：가르치+어요→ 가르쳐요

5) 誰に手紙を（書きましたか）。

正解 ❹ 쓰다 書く：（으脱落）쓰+어요→ ㅆ+어요→ 써요

6) その人を（知っていますか）。

正解 ❸ 알다 知る：（ㄹ脱落）알+ㅂ니까→ 아+ㅂ니까→ 압니까

7) いま韓国語を（学んでいます）。

正解 ❶ 배우다 学ぶ：배우+어요→ 배워요

8) 兄はアメリカに（住んでいます）。

正解 ❸ 살다 住む：（ㄹ脱落）살+ㅂ니다→ 사+ㅂ니다→ 삽니다

9) 学校で7時まで（勉強します）。

正解 ❷ 공부하다 勉強する：공부하+여요→ 공부해요

10) 私は家がここから（遠いです）。

正解 ❹ 멀다 遠い：（ㄹ脱落）멀+ㅂ니다→ 머+ㅂ니다→ 멉니다

11) 腰がとても（痛いです）。

正解 ❸ 아프다 痛い：（으脱落）아프+아요→ 아ㅍ+아요→ 아파요

12) 週末は友だちと（遊びます）。

正解 ❶ 놀다 遊ぶ：（ㄹ脱落）놀+ㅂ니다→ 노+ㅂ니다→ 놉니다

13) 雪がたくさん（降ります）。

正解 ❹ 내리다 降る：내리+어요→ 내려요

14) 家では私が料理を（作ります）。

正解 ❷ 만들다 作る：（ㄹ脱落）만들+ㅂ니다→ 만드+ㅂ니다→ 만듭니다

15) 姉は歌が（上手です）。

正解 ❶ 잘하다 上手だ：잘하+여요→ 잘해요

16) 時間がたくさん（かかります）。

正解 ❸ 걸리다 かかる：걸리+어요→ 걸려요

17) あの子はなぜ（泣いているのですか）。

正解 ❹ 울다 泣く：울+어요→ 울어요

✎ ㄹ語幹の用言は「-아/-어」で始まる語尾の前ではㄹは脱落しない。

・울다（泣く）→ 울+어요　놀다（遊ぶ）→ 놀+아요　만들다（作る）→ 만들+어요

18) あの人は（知りません）。

正解 ❷ 모르다 知らない：모르+ㅂ니다→ 모릅니다

19) 友だちと一緒に韓国語を（勉強します）。

正解 ❹ 공부하다 勉強する：공부하+여요→ 공부해요

20) 銀行は9時に（開きます）。

正解 ❹ 열다 開く、開ける：열+어요→ 열어요

✎ 문을 열다：直訳は「戸を開ける」だが、慣用的に（店を）開く、開ける、開店する、営業が始まるの意味としても用いられる。

21) 週末は人がとても（多いです）。

正解 ❶ 많다 多い：많+습니다→ 많습니다

22) これは誰が（作りましたか）。

正解 ❷ 만들다 作る：만들+었+어요→ 만들었어요

23) 明日何時に（会いますか）。

正解 ❸ 만나다 会う：만나+아요→ 만나요

24) 昨日何時まで（待ちましたか）。

正解 ❷ 기다리다 待つ：기다리+었+어요→ 기다렸어요

25) 魚はどこで（売っていますか）。

正解 ❹ 팔다 売る：(ㄹ脱落) 팔＋ㅂ니까→ 파＋ㅂ니까→ 팝니까

26) 夕食は家で（食べますか）。

正解 ❷ 하다 する：하＋ㅂ니까→ 합니까

✎ 저녁 식사를 하다：夕食を食べる

27) 昨日は映画を見て（泣きました）。

正解 ❶ 울다 泣く：울＋었＋어요→ 울었어요

28) スカートがとても（短いです）。

正解 ❹ 짧다 短い：짧＋아요→ 짧아요

29) 姉は私より背が（低いです）。

正解 ❸ 작다 低い：작＋다→ 작아요

✎ 키가 작다：背が低い　키가 크다：背が高い

30) 先月（結婚しました）。

正解 ❷ 결혼하다 結婚する：결혼하＋였＋어요→ 결혼했어요

31) 英語を（学んでいます）。

正解 ❹ 배우다 学ぶ：배우＋어요→ 배워요

32) 外国人と英語で（話しました）。

正解 ❷ 말하다 話す：말하＋였＋어요→ 말했어요

33) 私の友だちは中国語が（上手です）。

正解 ❹ 잘하다 上手だ：잘하＋여요→ 잘해요

34) 何時に（始めましたか）。

正解 ❷ 시작하다 始める：시작하＋였＋어요→ 시작했어요

35) 昨日は9時まで図書館で（勉強しました）。

正解 ❸ 공부하다 勉強する：공부하＋였＋어요→ 공부했어요

2 助詞・語尾・慣用表現問題

➡ 問題は80ページへ、5級出題範囲の助詞は71ページ、語尾は73ページ、慣用表現は75ページへ

※（　　）の中に入れるのに適切なものを①～④の中から1つ選びなさい。

1)　昨日は図書館で夜9時（　　）勉強しました。

① が　　❷ まで　　③ で　　④ の

2)　姉（　　）話したいです。

① で　　② で、へ　　③ に　　❹（人）に

✎ ①「에서」は場所を、②「(으)로」は手段、方向などを、③「에」は場所、時間などの意を表わす。④「한테」は人や動物を表わす言葉に付いて対象を表わす。「에」と「한테＝에게」は同じく「に」と訳されて間違いやすいので注意が必要だ。

3)　地下鉄（　　）乗って行きます。

① に　　②（人）に　　❸（乗り物）に　　④ の

✎ ①「에게」と「한테」は同じく人や動物を表わす言葉に付いて対象を表わす助詞である。「한테」は主に話し言葉で用いられる。

4)　鉛筆（　　）書いてください。

❶ で　　② に　　③ で　　④ から

✎ ①「(으)로」と③「에서」は同じく「で」で訳されて間違いやすいが、「(으)로」は手段、方法、材料などを、「에서」は場所や起点を表わす場合に用いられることで区別される。

・버스로 갑니다. バスで行きます。　・종이로 만듭니다. 紙で作ります。

・교실에서 책을 읽습니다. 教室で本を読みます。

5) 来週、家族（　　）一緒に旅行に行きます。

① で、から　② から　❸ と　④（人）に

✎ ①「에서」は、場所以外に起点を表わす意味で用いられると「から」と訳されるので、同じく「から」で訳される②「부터」と間違いやすい。基本的に「에서」は場所を表わす名詞に、「부터」は時間を表わす名詞に接続して起点を表わす点が異なる。

・역에서 멉니다. 駅から遠いです。　・집에서 학교까지 家から学校まで

・6시부터 시작됩니다. 6時から始まります。　・열 시부터 열두 시까지 10時から12時まで

6) 兄は私（　　）背が低いです。

① が　❷ より　③ と　④ の

7) 明日何時（　　）仕事をしますか。

① と　② だけ　③（人）に　❹ まで

8) 今朝は牛乳（　　）飲みました。

① と　❷ だけ　③ より　④ で

9) これは塩（　　）。

① ではありません　② たいですか　❸ ではありませんか　④ と同じです

✎「소금」はパッチムのある名詞+疑問文なので、「이 아닙니까?」以外は選択できるものがない。

10) いまどこに（　　）。

① 住みましょうか　❷ 住んでいますか　③ 住むつもりですか　④住んでいましたか

11) 私はキムミンス（　　）。

① ではありません　② たいです　③ と同じです　❹ と言います

12) 昨日写真はたくさん（　　）。

❶ 撮りましたか　② 撮りましょうか　③ 撮りますか　④ 撮りたいですか

13) 私たちも早く（　　）。時間がありません。

① 行きましたか　② 行かれますか　❸ 行きましょうか　④ 行かれましたか

14) 昨日友だちの誕生日プレゼントを（　　）。

① 買います　② 買いますよ　③ 買うつもりです　❹ 買いました

15) おばあさんはいま韓国ドラマを（　　）。

① 見ました　❷ 見ています　③ 見るつもりです　④ ご覧になりました

16) 昨日ミンスさんに（　　）。

① 会いますよね　❷ 会いましたか　③ 会いますか　④ 会いたいですか

17) 英語は少し（　　）中国語はできません。

① 話します　❷ 話せますが　③ 話しました　④ 話して

18) 先週もサッカーを（　　）。

① しますよね　② しますか　③ しましょうか　❹ しましたか

19) A：この映画は2時からですか。

B：いいえ、2時から（　　）。

① です　② のようです　❸ ではありません　④ と言います

20) A:何を食べましょうか。
B:私はビビンバ(　　)。
❶ にします　② と言います　③ と同じです　④ ではありません

21) A:明日が誕生日ですか。
B:明日(　　)。あさってです。
① にします　② と同じです　③ と言います　❹ ではありません

22) A:銀行は何時に(　　)。
B:9時から開きます。
❶ 開きますか　② 開きましょうか　③ 開けられますか　④ 開きましたか

23) A:週末に何をしますか。
B:韓国語の試験を(　　)。
① 受けました　② 受けられます　❸ 受けます　④ 受けて行きます
✎ 시험을 보다:試験を受ける

24) A:日本語はどこで勉強しましたか。
B:ドラマを見て(　　)。
① 学んでください　② 学びます　③ 学ぶつもりです　❹ 学びました

25) A:仕事は何時(　　)。
B:8時に終わります。
① ですか　❷ までですか　③ からですか　④ ですか

26) A:おなかが空いています。ご飯を食べ(　　)。
B:あの食堂へ行きましょうか。
① と言います　② ではありません　❸ たいです　④ と同じです

27) A:仕事は全部終わりましたか。
B:とても多いです。全部は(　　)。
① できませんが　② できませんよ　③ できませんか　❹ できませんでした

28) A:果物は全部(=何でも)好きですか。
B:いいえ、リンゴ(　　)好きです。
① と　❷ だけ　③ まで　④ から

29) A:すみません。ご飯をもう一杯ください。
B:ご飯(　　)。はい、かしこまりました。
❶ ですか　② ますか　③ ですよね　④ でいらっしゃいますか

30) A:日曜日は何を(　　)。
B:弟(妹)とパンを作りました。
① しますか　② しましょうか　❸ しましたか　④ されますか

3 あいさつなど定型表現問題

➡ 問題は84ページ、5級出題範囲のあいさつなどの表現は70ページへ

※ 次の場面や状況において最も適切なあいさつやあいづちなどの言葉を①~④の中から1つ選びなさい。

1） 約束の時間に遅れて来て謝るとき。

① 大丈夫です。 ② また会いましょう。
❸ 申し訳ありません。 ④ 失礼します。

2） 部長からの指示を了解したとき。

① その通りです。 ❷ 承知しました。
③ ありがとうございます。 ④ よろしくお願いいたします。

3） 相手から感謝のことばを言われたとき。

① ありがとうございます。 ② 分かりました。
③ おめでとうございます。 ❹ どういたしまして。

4） 初めて会う人にあいさつするとき。

❶（お会いできて）うれしいです。 ② また会いましょう。/ではまた…
③ それでは、また… ④ お久しぶりです。

5） お客さんや知人を見送るとき。

① さようなら。（その場に留まる人に対して） ❷ さようなら。（去る人に対して）
③ はじめまして。 ④ いらっしゃいませ。

6） 知人に感想を伺うとき。

① 大丈夫です。 ② よろしくお願いします。
③ そうですか。 ❹ どうですか。

7） 自分の仕事を手伝ってくれた人に対して。

❶ ありがとうございます。 ② おめでとうございます。
③ その通りです。 ④ 申し訳ありません。

8） 居酒屋で注文するため店員を呼ぶとき。

① よろしくお願いします。 ② どういたしまして。
③ 失礼します。 ❹ すみません。（人に呼びかけるとき）

9） 先に帰る先輩に対して。

① さようなら。（その場に留まる人に対して） ② 失礼します。
❸ さようなら。（去る人に対して） ④ いらっしゃいませ。

10）久しぶりに会えてうれしいとき。

① ありがとう。 ❷（お会いできて）うれしいです。
③ お久しぶりです。 ④ どういたしまして。

11）また会う機会がある人と別れ際にあいさつするとき。

① 分かりました。 ② よろしくお願いします。
③ はじめまして。 ❹ それでは、また…

12）かかってきた電話に出るとき。

❶ もしもし。 ② いらっしゃいませ。
③ こんにちは。 ④ すみません。（人に呼びかけるとき）

13）相手が言ったことが正しいとき。

① どうですか。 ❷ そうです。/その通りです。
③ そうですか。 ④ どういたしまして。

第4章　文の内容理解問題

1 対話文の空所完成問題

➡ 問題は94ページへ

※ 対話文を完成させるのに最も適切なものを①～④の中から1つ選びなさい。

1）A：時計をどこに置きましたか。
　B：（　　）
　① いま12時です。　❷ 私の机の上です。
　③ 2時に会うつもりです。　④ 店で買いました。

2）A：家で誰がいちばん背が高いですか。
　B：（　　）
　① 分かりません。　② 姉より私が高いです。
　❸ 夫です。　④ 私ではありません。

3）A：（　　）
　B：いいえ、近いです。
　① 会社は大きくないですか。　② 食事は会社でしますか。
　③ 会社までどのように行きますか。　❹ 会社まで近くないのですか。

4）A：（　　）
　B：高校で英語を教えています。
　❶ お姉さんはどんな仕事をされていますか。　② 何歳から学びましたか。
　③ 外国で働いていらっしゃいますか。　④ いまどこに住んでいますか。

5）A：（　　）
　B：はい、でも私の国よりは暑くないです。
　① そこも夏が短いですか。　② 日本も雨がたくさん降りますか。
　③ 天気がとても悪いでしょう。　❹ 韓国の夏は暑いでしょう。

6）A：（　　）
　B：来週の土曜日はどうですか。
　① いつ旅行に行きますか。　② 誰と会いますか。
　❸ いつ海へ行きましょうか。　④ いつ電話がありましたか。

7）A：（　　）
　B：砂糖をちょっと入れてください。
　① 塩を入れましょうか。　❷ 味はどうですか。
　③ 何で作りましたか。　④ どこに置きましょうか。

8）A：（　　）
　B：学校の図書館です。
　① 肉はどこで売っていますか。　② 勉強は面白いですか。
　❸ どこで新聞を読みますか。　④ 何時に会いますか。

9) A: (　　)

B: 薬は飲みましたか。

① 頭は痛くないです。　② おなかが空きました。

③ 病院で働いています。　❹ 風邪をひきました。

10) A: (　　)

B: おばあさんです。

① 家族は何人ですか。　❷ これは誰が作りましたか。

③ おじいさんはどこにいらっしゃいますか。　④ ドラマが好きですか。

11) A: (　　)

B: 地下鉄で行きます。

① バスで行きましたか。　② 何に乗って来ましたか。

③ 時間がたくさんかかりますか。　❹ 会社までどのように行きますか。

12) A: (　　)

B: いいえ、姉だけです。

① 子供は何人ですか。　② 映画は誰と見ますか。

❸ お兄さんがいますか。　④ この方がお母さんですか。

13) A: (　　)

B: お会いできてうれしいです。

❶ はじめまして。　② 本当におめでとうございます。

③ 何時に会いましょうか。　④ 食事はどうしましょうか。

14) A: (　　)

B: あのホテルの隣です。

① ここはどこですか。　② 頭が痛いですか。

③ 薬はどこで売っていますか。　❹ 病院はどこですか。

15) A: 10時に会いましょうか。

B: (　　)

A: そうですか。それでは10時30分に会社に来てください。

① ここで30分ぐらいかかります。　② 朝食を食べて行きます。

③ 午前中は仕事が少し忙しいです。　❹ 私は10時半がいいです。

16) A: 家に帰らないのですか。

B: はい、(　　)

A: そうですか。では、また明日…

① ここがいいです。　② 宿題をしました。

❸ 友だちを待っています。　④ 私はタクシーで行きます。

✎「가다 (行く)」は「집 (家)」の後では「帰る」の意味で用いられる。

17) A: 雨がたくさん降っています。傘は持って来ましたか。

B: いいえ、(　　)

A: では、これをさしてください。

① 買わなかったです。　❷ 持って来なかったです。

③ 朝から降っています。　④ お金がありません。

18) A: お先に失礼します。
B: (　　) では、また明日…
A: はい、さようなら。
① 大丈夫です。　② ちょっと待ってください。
③ 失礼します。　❹ さようなら。

19) A: 会社までどのように来ますか。
B: (　　)
A: 電車には乗らないですか。
❶ バスに乗って来ます。　② 車を買いました。
③ 地下鉄に乗りました。　④ タクシーは高いです。

20) A: 今日の夕方、時間ありますか。お酒を飲みたいですね。
B: ごめんなさい。(　　)
A: それでは試験が終わってから飲みましょうか。
① 私はコーヒーがいいです。　② 薬を飲んでいます。
③ 宿題が多いです。　❹ 明日試験があります。

21) A: 明日は何をしますか。
B: (　　)
A: どこか体の具合が悪いのですか。
① 風邪をひきました。　❷ 午前中病院へ行きます。
③ 店で働いています。　④ サッカーを見ます。
✎ 아프다: ① (体の一部が) 痛い　② (体の具合が) 悪い

2 文章の内容理解問題

➡ 問題は98ページへ

1 文章を読んで、問いに答えなさい。

私は大学で英語を勉強しています。姉は会社で働いています。私も姉も旅行が好きです。今度の夏に (　　) 外国へ旅行に行きます。その国の食べ物をたくさん食べたいです。

【問1】 (　　) に入れるのに適切なものを①～④の中から1つ選びなさい。
① 再び　② 先に　③ すべて　❹ 一緒に
✎ 모두: ①すべて、全部、みな　②全部で

【問2】 本文の内容と一致するものを①～④の中から1つ選びなさい。
❸ 私と姉の趣味は同じです。

2 文章を読んで、問いに答えなさい。

私はユミです。日本人です。先月韓国に来ました。私は韓国料理がとても好きです。(　　) 上手に作れません。今月から料理の勉強を始めました。

【問1】　(　　) に入れるのに適切なものを①～④の中から1つ選びなさい。

① ゆっくり　❷ しかし　③ それでは　④ そして

【問2】　本文の内容と一致するものを①～④の中から1つ選びなさい。

❸ ユミはいま料理の勉強をしています。

3 文章を読んで、問いに答えなさい。

うちの家の前には郵便局があります。そこでは手紙も送り、お金もおろします。切手も売っています。朝9時に仕事を始めます。月曜日から金曜日まで (　　)。

【問1】　(　　) に入れるのに適切なものを①～④の中から1つ選びなさい。

① 仕事が終わります ② 車を止めます　③ 思います　❹ 営業をします

✎ 문을 열다：直訳は「戸を開ける」だが、慣用的に (店を) 開く、開ける、開店する、営業が始まる、営業が行われるの意味としても用いられる。

【問2】　本文の内容と一致するものを①～④の中から1つ選びなさい。

❶ 郵便局は家から近いです。

4 文章を読んで、問いに答えなさい。

私は息子と娘がいます。娘はいま7歳です。歌がとても上手です。息子は (　　)。娘より4歳上です。背が高く、運動も得意です。1週間に1回野球をします。

【問1】　(　　) に入れるのに適切なものを①～④の中から1つ選びなさい。

① 妹(弟) がいません ❷ 11歳です　③ 友だちと遊びます ④ うまく教えます

【問2】　本文の内容と一致するものを①～④の中から1つ選びなさい。

❹ 息子は毎週野球をします。

5 文章を読んで、問いに答えなさい。

私はサッカーが好きです。1週間に1回サッカーをしますが、うまくないです。(　　) 私の友だちはサッカーが本当に上手です。私も彼のように上手になりたいです。

【問1】　(　　) に入れるのに適切なものを①～④の中から1つ選びなさい。

① それでは　② そして　❸ ところが　④ そうです

【問2】　本文の内容と一致するものを①～④の中から1つ選びなさい。

❷ 私はサッカーがうまくなりたいです。

6 文章を読んで、問いに答えなさい。

私と友だちは韓国の歌が好きです。私たちは土曜日の午後に2時間、歌の教室で歌を習います。私は歌がうまくないですが、私の友だちは (　　)。

【問1】　(　　) に入れるのに適切なものを①～④の中から1つ選びなさい。

❶ 上手です　② うまく教えます ③ 面白いです　④ とても下手です

【問2】　本文の内容と一致するものを①～④の中から1つ選びなさい。

❸ 私たちは土曜日に歌の教室に行きます。

7 文章を読んで、問いに答えなさい。

私は会社で働いています。朝は6時に起きます。いちばん最初に新聞を読みます。そしてパンと牛乳を飲みます。7時半に地下鉄に乗って会社に行きます。9時から（　　）。

【問1】　（　　）に入れるのに適切なものを①～④の中から1つ選びなさい。
① コーヒーを飲みます　② 授業をします　③ ドアを開けます　❹ 仕事を始めます

【問2】　本文の内容と一致するものを①～④の中から1つ選びなさい。
❷ 朝は新聞を読んでから朝食を食べます。

8 文章を読んで、問いに答えなさい。

私は去年までは大学生でした。今年の春から空港で働いています。趣味は旅行です。外国にたくさん行きたいです。週末は友だちと遊びます。野球もしますし、サッカーもします。

【問1】　筆者の職業を①～④の中から１つ選びなさい。
① パイロット　② スポーツ選手　❸ 会社員　④ 学生

【問2】　本文の内容と一致するものを①～④の中から1つ選びなさい。
❹ 私は週末によく運動をします。

3 対話文の内容理解問題

➡ 問題は102ページへ

1 対話文を読んで、問いに答えなさい。

キジュン：お金をおろしたいです。銀行はどこにありますか。
へ　　ミ：ここは銀行がありません。
キジュン：では（　　）。
へ　　ミ：次の駅の前に銀行があります。そこでおろします。
キジュン：ここから遠いですか。
へ　　ミ：いいえ、遠くないです。電車で4分ほどです。

【問1】　（　　）に入れるのに適切なものを①～④の中から1つ選びなさい。
① 駅はどこですか　❷ どうやってお金をおろしますか
③ ここからどのように行きますか　④ ここから何分かかりますか

【問2】　本文の内容と一致するものを①～④の中から1つ選びなさい。
❹ キジュンは銀行を探しています。

② 対話文を読んで、問いに答えなさい。

ミンス：今日、仕事は何時に終わりますか。
ユ　ミ：午後6時に終わります。
ミンス：では、仕事が終わってから一緒に夕食を食べましょうか。
ユ　ミ：はい、いいですよ。（　　）。
ミンス：駅の前のソウル食堂はどうですか。
ユ　ミ：分かりました。6時半にそこに行きます。

【問1】　（　　）に入れるのに適切なものを①～④の中から1つ選びなさい。
❶ どこで会いましょうか　② 何を食べますか
③ どんな料理が美味しいですか　④ 食堂はどこにありますか

【問2】　本文の内容と一致するものを①～④の中から1つ選びなさい。
❸ 二人は今日一緒に食事をします。

③ 対話文を読んで、問いに答えなさい。

店　　：お客さま、何をお探しですか。
ミヨン：あの、プレゼントを買いたいのですが。明日がうちの娘の誕生日なんです。
店　　：お誕生日おめでとうございます。（　　）。
ミヨン：今年から小学校に通っています。
店　　：それではこの鉛筆とノートはいかがですか。これは小学生の子供たちにとても人気があります。
ミヨン：そうですか。いくらですか。
店　　：この鉛筆は8,000ウォンでノートは5,000ウォンです。
ミヨン：それではその鉛筆とノートをください。

【問1】　（　　）に入れるのに適切なものを①～④の中から1つ選びなさい。
❶ 何歳ですか　② 今回は何回目ですか
③ 誕生日はいつですか　④ どこの学校に通っていますか

【問2】　本文の内容と一致するものを①～④の中から1つ選びなさい。
❷ ミヨンの娘は今年小学校に入りました。

④ 対話文を読んで、問いに答えなさい。

ス ミ ン：そのカバンはどこで買いましたか。
ホジュン：先週、駅の前のカバン店で買いました。パソコンと教科書を入れて持ち歩いています。
ス ミ ン：（　　）。
ホジュン：10万ウォンで買いました。ちょっと高いです。
ス ミ ン：ちょっと高いですが、私も買いたいですね。

【問1】　（　　）に入れるのに適切なものを①～④の中から1つ選びなさい。
① ちょっと小さくないですか　② どこに入れますか
❸ それはいくらでしたか　④ 誰が作りましたか

【問2】　本文の内容と一致するものを①～④の中から1つ選びなさい。
❹ ホジュンは先週カバンを買いました。

5 対話文を読んで、問いに答えなさい。

ミンス：どこで韓国語の勉強をしますか。
ユ　カ：図書館でします。
ミンス：どのように勉強をしていますか。
ユ　カ：(　　)。
ミンス：ドラマは見ませんか。
ユ　カ：いいえ、ドラマは家で見ます。

【問1】　(　　)に入れるのに適切なものを①～④の中から1つ選びなさい。
① 友だちに教えます　❷ 本も読んで新聞も読んでいます
③ 友だちと一緒に話をします　④ 映画を見て笑います

【問2】　本文の内容と一致するものを①～④の中から1つ選びなさい。
❶ ユカは図書館で韓国語を勉強します。

6 対話文を読んで、問いに答えなさい。

ソジュン：会社は何時に仕事が始まりますか。
チ ユ ン：(　　)。そして午後6時に終わります。
ソジュン：昼、食事はどこでしますか。
チ ユ ン：会社に食堂があります。そこで食べます。
ソジュン：料理は美味しいですか。
チ ユ ン：値段も安くてとても美味しいです。

【問1】　(　　)に入れるのに適切なものを①～④の中から1つ選びなさい。
① 午前10時に起きます　② 3時間ぐらい働きます
③ 月曜日から金曜日までです　❹ 朝9時からです

【問2】　本文の内容と一致するものを①～④の中から1つ選びなさい。
❷ チユンは6時まで仕事をします。

第5章 聞き取り問題

合格資料－21 数詞の練習

※ 次の数詞の読みを書いてみよう。 ➡ 問題は113ページへ

	問題		読み
1	18층	18階	십팔 층
2	18살	18歳	열여덟 살
3	60,000원	6万ウォン	육만 원
4	11월 23일	11月23日	십일월 이십삼 일
5	90분	90分	구십 분
6	20살	20歳	스무 살
7	8,000원	8千ウォン	팔천 원
8	10월 20일	10月20日	시월 이십 일
9	97년	97年	구십칠 년
10	9권	9冊	아홉 권
11	600명	600名	육백 명
12	14분	14分	십사 분
13	7번째	7番目	일곱 번째
14	12시	12時	열두 시
15	4시 56분	4時56分	네 시 오십육 분

1 イラスト問題

➡ 問題は122ページ、台本は172ページへ

※ 選択肢を2回ずつ読みます。絵の内容に合うものを①～④の中から1つ選んでください。

1） ① これは月です。 ❷ これは花です。
③ これは山です。 ④ これは川です。

2） ① 木の下に鳥がいます。 ② 木の後ろに牛がいます。
③ 木の隣に牛がいます。 ❹ 木の上に鳥がいます。
✎ 옆：隣、そば、横

3） ① 車を止めます。 ② いすに座ります。
❸ サッカーをします。 ④ 料理を作ります。

4） ❶ これはリンゴです。 ② これは唐辛子です。
③ これは薬です。 ④ これは切手です。

5） ① いすの上にカバンがあります。 ② いすの隣に傘があります。
❸ いすの下に履き物があります。 ④ いすの上に犬がいます。

✎ 신발：履き物一般の総称、靴 / 구두：靴、特に西洋式の革靴類のものを言う。

6） ① 耳が痛いです。 ② 頭が痛いです。
③ 腰が痛いです。 ❹ 足が痛いです。

7） ① これは電車です。 ❷ これは眼鏡です。
③ これは銀行です。 ④ これは牛乳です。

8） ① 机の上に時計があります。 ② 机の後ろに時計があります。
❸ 時計の隣に本があります。 ④ 時計の下に本があります。

9） ① 食事をします。 ② 勉強をします。
③ 雪が降ります。 ❹ 料理を作ります。

10）❶ これは豚です。 ② これは鶏です。
③ これは犬です。 ④ これは猫です。

11）① 本の隣に電話があります。 ❷ 電話の隣に鉛筆があります。
③ 本の上に鉛筆があります。 ④ 机の上に電話があります。

2 数詞の聞き取り問題

➡ 問題は128ページ、台本は173ページへ

※ 短い文を2回読みます。（　　）の中に入れるのに適切なものを①〜④の中から1つ選んでください。

1） ❹ 1時（ 45 ）分に出て行きました。
2） ❷ カバンに本を（ 7 ）冊入れました。
3） ❸ この牛乳は（ 2,000 ）ウォンです。
4） ❶ 去年の（ 10月18日 ）に来ました。
5） ❸ このホテルは（ 37 ）階に飲食店があります。
6） ❷ 私の弟(妹)は（ 20 ）歳です。
7） ❹ このカバンは日本で（ 8,000 ）円で買いました。
8） ❶（ 10月26日 ）に試験があります。
9） ❸ 空港で4時（ 30 ）分に会います。
10）❹ うちの息子は（ 17 ）歳です。
11）❷ この日本語の教科書は（ 2,000 ）円です。
12）❶（ 6月23日 ）に送りました。
13）❹ 明日は午後1時（ 15 ）分に来てください。
14）❸ 教室の中に学生が（ 15 ）名います。
15）❷ 冷麺は（ 7,000 ）ウォンです。
16）❹ 私たちは（ 12月6日 ）に結婚しました。
17）❶ うちの会社は（ 19 ）階にあります。
18）❸ 日本に（ 5 ）回来ました。
19）❷ 飛行機のチケット代は（ 80,000 ）ウォンです。
20）❹（ 6月20日 ）からこの仕事を始めました。

21) ❷ 私は10時 (50) 分に来ました。
22) ❸ 前から (5) 番目の席です。
23) ❶ うちの学校の学生は全部で (900) 名です。
24) ❹ 今日は (6月26日) 土曜日です。
25) ❷ 毎日7時 (20) 分にバスに乗ります。
26) ❹ 私の妹は (19) 歳です。
27) ❸ このボールペンは (800) ウォンです。
28) ❶ (5月8日) に旅行に行きます。
29) ❷ 猫が (3) 匹います。
30) ❸ 私は (18) 番のバスに乗ります。

3 応答文選択問題 (1)

➡ 問題は132ページ、台本は174ページへ

※ 問いかけなどの文を2回読みます。その応答文として最も適切なものを①〜④の中から1つ選んでください。

1) お誕生日おめでとうございます。
① 失礼します。　② (お会いできて) うれしいです。
③ 分かりました。　❹ ありがとうございます。

2) そちらの天気はどうですか。
① 風邪をひきました。　❷ 雪が降っています。
③ 美味しいです。　④ 好きではありません。

3) あの人は誰ですか。
❶ 私の弟 (妹) です。　② 猫です。
③ それは写真です。　④ 姉ではありません。

4) ではまた…。
① 時間がないです。　② 明日はだめです。
❸ はい、ではまた…　④ はじめまして。
✎ 또 만나요=또 봐요：また会いましょう。/ ではまた…

5) 趣味は何ですか。
① お金はありません。　❷ 旅行です。
③ 郵便局です。　④ 秋が好きです。

6) 何を注文しましょうか。
① 野球をしましょうか。　② おなかは空いていません。
③ 唐辛子が美味しいです。　❹ クッパはどうですか。

7) 試験はいつですか。
① 金曜日に行きます。　② 難しくないです。
❸ あさってからです。　④ 明日はありません。

8) あの方が英語の先生ですか。
① はい、分かりました。 ❷ はい、そうです。
③ いいえ、私ではありません。 ④ いいえ、英語はできません。

9) 誰に会いましたか。
❶ うちの娘です。 ② 私が作りました。
③ 友だちと食べました。 ④ 昨日会いました。

10) どこから来ましたか。
① 駅の前にあります。 ② バスで来ました。
③ 昨日来ました。 ❹ 中国から来ました。

11) 銀行はここから遠いですか。
① とても忙しいです。 ② 電車に乗ります。
❸ いいえ、近いです。 ④ はい、6時に終わります。

12) トイレはどこですか。
① これです。 ② 郵便局です。
③ そこではありません。 ❹ 上の階にあります。

13) この唐辛子、いくらですか。
① 本当に安いです。 ❷ 800ウォンです。
③ ここはありません。 ④ 3つください。

14) 何時に行きましょうか。
① 10月に行きましょうか。 ② 木曜日がいいです。
③ よく分かりません。 ❹ 5時はどうですか。

15) 誕生日プレゼント、ありがとうございます。
① 大丈夫です。 ② 本当におめでとうございます。
③ それはいかがですか。 ❹ どういたしまして。
✎ 괜찮습니다: 構いません、大丈夫です、結構です

16) 会社までどのように行きますか。
① 仕事が忙しいです。 ② 9時に始めます。
❸ 地下鉄で行きます。 ④ 仕事をします。

17) 犬は何匹ですか。
① 4歳です。 ② 3時にご飯をあげます。
❸ 3匹です。 ④ 一人もいません。
✎ 마리: ～匹、～頭、～羽、～尾
주다: ㉠ あげる、やる ㉡ くれる ㉢ 与える

18) その映画、誰と見ましたか。
① 昨日見ました。 ❷ 友だちと見ました。
③ 本当に面白かったです。 ④ その人は来なかったです。

19) いつ来られましたか。
① 市場で買いました。 ❷ 土曜日に来ました。
③ 雨は降っていません。 ④ ボールペンがあります。

20) 何を注文しましょうか。
① 早くください。　② これを買いましょうか。
③ 3冊です。　❹ 冷麺はどうですか。

21) 弟（妹）さんも英語が上手ですか。
① 全部好きです。　② はい、よく笑います。
❸ いいえ、うまくないです。　④ 一緒に売っています。
✎ 잘하다：上手だ、うまくやる　못하다：できない　잘 못하다：下手だ、うまくない

22) 時計はどこにありますか。
❶ 机の上にあります。　② 時間がないです。
③ 今日の3時からです。　④ ここで見ました。

4 応答文選択問題（2）

➡ 問題は136ページ、台本は175ページへ

※ ①〜④の選択肢を2回ずつ読みます。応答文として最も適切なものを1つ選んでください。

1） 男：お姉さんは何をしていますか。
女：（　　）
① 料理を注文しました。　❷ 銀行で働いています。
③ 雲が多いです。　④ 英語が上手です。

2） 男：何時に起きますか。
女：（　　）
① 11時に寝ます。　② 午後に来ます。
❸ 6時半です。　④ 週末だけ開けます。

3） 女：私の誕生日ですか。今日です。
男：（　　）
❶ 今日ですか。おめでとうございます。　② ごめんなさい。今日はだめです。
③ 本当にありがとうございます。　④ 何の話ですか。

4） 女：空港まで遠いですか。
男：（　　）
① 3時までに行きます。　② バスに乗って行きます。
③ 飛行機のチケットがありません。　❹ ここから1時間ぐらいかかります。

5） 男：どうして薬を飲んでいるのですか。
女：（　　）
① 風邪薬を飲みました。　② 今日は大丈夫です。
③ 仕事がとても忙しいです。　❹ 頭が少し痛いです。

6） 男：英語の試験は明日ですよね。
女：（　　）

① 金曜日に時間があります。　❷ 明日ではなくあさってです。
③ 問題は難しくありません。　④ 明日はだめです。

7) 女：家族はみな背が高いですか。
男：(　　)
① いいえ、低くないです。　② はい、兄は背が低いです。
❸ いいえ、私だけ高いです。　④ 姉は結婚しています。
✎ 키가 크다：背が高い　키가 작다：背が低い
몸 / 방 / 구두가 크다：体/部屋/靴が大きい　집 / 발 / 손이 작다：家/足/手が小さい

8) 女：すみません。コーヒーを2つください。
男：(　　)
① 誰が来ましたか。　② 持って行きましょうか。
③ いいえ、いまはいらっしゃいません。　❹ はい、かしこまりました。

9) 男：今日授業は何時までですか。
女：(　　)
❶ 午前中に全部終わります。　② 90分です。
③ 先生が来なかったです。　④ 授業は面白いです。

10) 男：何に乗って行きましょうか。
女：(　　)
① 飛行機は初めて乗ります。　② ここから遠くありません。
❸ タクシーはどうですか。　④ 駅はどこにありますか。

11) 女：あの方が韓国語の先生ですよね。
男：(　　)
① 毎日のように来られます。　❷ はい、そうです。
③ いいえ、だめです。　④ 学校で学びました。

12) 女：1年に何回外国へ行きますか。
男：(　　)
❶ 去年は3回行きました。　② 今年はお金がありません。
③ 時間がありません。　④ 飛行機に乗って行きます。

13) 男：今日一緒に夕食を食べましょうか。
女：(　　)
① 焼肉を食べました。　② そこは美味しくないです。
❸ いいですよ。どこで会いましょうか。　④ いまおなかが空いていますか。

14) 男：いま病院にいるんですか。どうしたのですか。
女：(　　)
① それは体に悪いです。　② 私も初めてです。
③ とてもおなかが空きました。　❹ 昨日から頭が痛いです。

15) 女：この英単語はどのように読みますか。
男：(　　)
① うちの兄がよく知っています。　❷ よく分かりません。
③ 私の子供ではありません。　④ そうですか。よくわかりました。

16) 女：明日の試験、2時からではないですか。
男：(　　)
① はい、4時に終わります。　② いいえ、私の妻です。
❸ はい、そうです、2時からです。　④ いいえ、明日はだめです。

5 文の内容一致問題

➡ 問題は140ページ、台本は177ページへ

※ 対話文を2回読みます。その内容と一致するものを①～④の中から1つ選んでください。

1) 男：ユミさんは肉と魚、どちらが好きですか。
女：私は魚が好きです。肉は好きではありません。
正解 ❷ 女性は魚が好きです。

2) 男：会社までどのように通っていますか。
女：地下鉄で通っています。
正解 ❹ 女性は地下鉄で通勤しています。

3) 男：日本に何回行きましたか。
女：今回が初めてでした。
正解 ❸ 女性は初めて日本に行ってきました。

4) 男：来月中国へ旅行に行きます。
女：誰とですか。
男：家族と一緒に行きます。今日飛行機のチケットを買いました。
正解 ❹ 男性は来月海外旅行に行く予定です。

5) 女：野球は何時から始まりますか。
男：6時半からです。家でテレビで見たいです。
女：じゃあ早く家に帰ってください。いま5時半です。
正解 ❶ 男性は家に帰って野球を見るつもりです。

6) 男：授業は全部終わりましたか。
女：私は今日は午後2時からです。午前中はありません。
正解 ❷ 女性は2時から授業があります。

7) 男：暑いですよね。冷麺を注文しましょうか。
女：私はビビンバが食べたいです。
正解 ❸ 女性は冷麺でないものを食べるつもりです。

8) 男：お姉さんも背が高いですか。
女：姉は私より低いです。うちでいちばん低いです。
正解 ❷ 妹は姉より背が高いです。

9)　女：お兄さんがいますか。
男：いいえ、兄はいませんが、姉はいます。
女：私も姉だけ1人います。
正解 ❹ 二人は姉がいます。

10) 女：おなかはどうですか。大丈夫ですか。
男：薬を飲みましたが、いまも痛いです。
女：そうですか。それでは早く病院へ行ってください。
正解 ❶ 男性はいまおなかが痛いです。

11) 男：空港までどのように行きますか。
女：空港ですか。あそこの銀行の前でバスに乗ってください。
正解 ❹ 男性は空港に行こうとしています。

12) 男：うちの姉が今週の土曜日に結婚します。
女：そうですか。おめでとうございます。
正解 ❸ 女性は男性の姉が結婚するのを初めて知りました。

13) 男：お姉さんがいますか。
女：はい、年は私より4歳上です。
正解 ❷ 女性には4歳上の姉がいます。

14) 男：韓国語はどこで学びましたか。
女：大学です。1週間に2時間、韓国語の授業がありました。
男：2時間ですか。なのに本当に上手ですね。
正解 ❶ 女性は学校で韓国語を学びました。

15) 男：ミンスさんはどこに行きましたか。
女：いまお客さんと話しています。すぐ終わります。
男：分かりました。ではここでちょっと待ちます。
正解 ❸ 男性はミンスさんが戻ってくるのを待つつもりです。

16) 男：私は兄はいませんが、姉が2人います。
女：私は姉はいませんが、兄が2人います。
正解 ❹ 男性にはお姉さんが2人います。

第6章 模擬試験

第1回 模擬試験 聞き取り問題

➡ 問題は146ページ、台本は179ページへ

1 選択肢を2回ずつ読みます。絵の内容に合うものを①～④の中から1つ選んでください。

1) ① これは靴です。　② これは本です。
　③ これはスカートです。　❹ これは傘です。
2) ❶ 机の上に時計があります。　② 机の隣に時計があります。
　③ 机の下に時計があります。　④ 机の前に時計があります。
3) ① 名前を書きます。　② パンを買います。
　❸ 食事をします。　④ ズボンを履きます。

2 短い文を2回読みます。(　　)の中に入れるのに適切なものを①～④の中から1つ選んでください。

1) ここから車で (50) 分ぐらいかかります。
　正解 ❸
2) この子は (7) 歳です。
　正解 ❶
3) (8,000) ウォンで買いました。
　正解 ❹
4) 私の誕生日は (10月6日) です。
　正解 ❷

3 問いかけなどの文を2回読みます。その応答文として最も適切なものを①～④の中から1つ選んでください。

1) 郵便局はどこですか。
　① 今週行かれます。　② ここはトイレがありません。
　❸ 銀行の隣です。　④ 昨夜読みました。
2) 英語の試験はいつですか。
　① 20歳です。　❷ 水曜日です。
　③ 下手です。　④ 外国です。
3) 明日何をしますか。
　❶ 友だちと映画を見ます。　② 大学が遠いです。
　③ 来年旅行に行きたいです。　④ 家族と一緒に山へ行きました。
4) おなかが空きました。
　① 本当に分かりませんか。　② 薬を飲みましたか。
　❸ このパンをあげましょうか。　④ 問題は難しいですか。

4 ①～④の選択肢を2回ずつ読みます。応答文として最も適切なものを1つ選んでください。

1） 男：雨がたくさん降っています。傘はありますか。
女：（　　）
① はい、天気がよくないです。　② 私も分かりません。
❸ はい、持って来ました。　④ いいえ。しません。

2） 男：何時から授業ですか。
女：（　　）
① 2時に来てください。　❷ 今日はありません。
③ 1時間かかります。　④ 9時まで仕事をします。

3） 女：風邪をひきました。
男：（　　）
❶ 薬は飲みましたか。　② 一緒に食べましょうか。
③ 頭が痛いです。　④ では、ゆっくりやってください。

4） 女：ちょっと遅くなりました。すみません。
男：（　　）
① 申し訳ありません。　② 本当に忙しいです。
③ ここでお待ちください。　❹ 大丈夫です。

✎ 괜찮아요：大丈夫です/構いません/結構です
「괜찮다」は、㉠大丈夫だ、構わない、平気だ ㉡婉曲に断る ㉢なかなかいい、悪くないとの3つの意味で使い分けられる。

5 対話文を2回読みます。その内容と一致するものを①～④の中から1つ選んでください。

1） 男：家で誰がいちばん背が高いですか。
女：父です。
正解 ❸ 女性の家族の中ではお父さんが最も背が高いです。

2） 男：切手を買いたいです。郵便局はどこですか。
女：郵便局はあそこのパン屋の隣にあります。
正解 ❶ 男性は郵便局を探しています。

3） 男：ミニョンさん、日本語の教科書は買いましたか。
女：いいえ、今日はお金がなかったんです。
正解 ❹ 女性は教科書を買っていません。

4） 女：スミさんが結婚しました。
男：本当ですか。いつですか。
女：先月です。私も今日初めて知りました。
正解 ❷ 二人は今日初めてスミさんが結婚したことを聞きました。

5） 男：明日一緒に海へ行きませんか。
女：海ですか。行きたいです。しかし明日も会社なんです。
男：会社ですか。日曜日にも仕事をするのですか。
正解 ❸ 女性は日曜日に会社に行く予定です。

第1回 模擬試験 筆記問題

➡ 問題は151ページへ

1 発音どおり表記したものを①～④の中から1つ選びなさい。

1） 正解 ❸ 읽어요 ［일거요］ 読みます：二文字パッチムの連音化で「읽+어요→ 일+거요」と音変化。

2） 正解 ❷ 없어요 ［업써요］ ありません：二文字のパッチムの連音化+濃音化で「없+어요→ 업+서요→ 업+써요」と音変化。

3） 正解 ❹ 좋아요 ［조아요］ いいです：母音音節の前で「ㅎ」が脱落して、「좋+아요→ 조+아요」と音変化。

2 次の日本語に当たる単語を正しく表記したものを①～④の中から1つ選びなさい。

1） 正解 ❹ 通り：거리

2） 正解 ❷ 履き物：신발

3） 正解 ❸ 忘れる：잊다

4） 正解 ❶ 通います：다녀요

3 次の日本語に当たるものを①～④の中から1つ選びなさい。

1）切手
① 手紙　② 傘　❸ 切手　④ 履き物

2）夕方
① 朝　❷ 夕方　③ 夜　④ 昼

3）考える
❶ 思う　② 起きる　③ 始める　④ かかる

4）先に
① みな　② 早く　③ 再び　❹ 先に

5）易しい
① 低い　② 小さい　❸ 易しい　④ 短い

4 （　　）の中に入れるのに最も適切なものを①～④の中から1つ選びなさい。

1）姉に（　　）を送りました。
① サッカー　② 顔　❸ 手紙　④ 音

2）この砂糖は（　　）ですか。
① どこ　❷ いくら　③ いつ　④ 何

3）今年の夏はとても（　　）。
① 高いです　② 同じです　③ 寒いです　❹ 暑いです

4) トイレは2(　　)にあります。
① 冊　② 枚　❸ 階　④ 匹

5) あの店の前に車を(　　)。
❶ 止めてください　② 乗ってください　③ 出てきてください　④ 探してください

5 (　　)の中に入れるのに最も適切なものを①～④の中から1つ選びなさい。

1) A:今日は金曜日です。昨日は何曜日でしたか。
B:(　　)でした。
① 水曜日　② 土曜日　③ 月曜日　❹ 木曜日

2) A:英語は上手ですか。
B:いいえ、(　　)。
① 分かりません　❷ できません　③ だめです　④ 知っています

3) A:家から会社までは(　　)。
B:いいえ。近いです。
❶ 遠いですか　② 長いですか　③ 易しいですか　④ 短いですか

4) A:この冷麺の味はどうですか。
B:(　　)美味しいです。
① 全部、みな　② いちばん　❸ とても　④ 早く

6 文の意味を変えずに、下線部の言葉と置き換えが可能なものを①～④の中から1つ選びなさい。

1) 韓国語はどこで学びましたか。
① 教えましたか　② 話しましたか　❸ 勉強しましたか　④ 思いましたか

2) 図書館は何時に閉めますか。
① 働きますか　② 始めますか　③ 話しますか　❹ 終わりますか

7 (　　)の中に入れるのに適切なものを①～④の中から1つ選びなさい。

1) 毎日、朝は牛乳を(　　)。
正解 ❶ 마셔요:飲みます

2) 駅はここから(　　)。
正解 ❹ 멉니까:遠いですか

3) 私は焼肉とキムチが(　　)。
正解 ❷ 좋아해요:好きです

8 (　　)の中に入れるのに適切なものを①～④の中から1つ選びなさい。

1) 私が姉(　　)背が高いです。
① まで　❷ より　③ (人)に　④ だけ

✎ 大問8で出題される助詞、語尾、慣用表現の機能は次のページの合格資料を参照してください。
5級出題範囲の助詞は71ページ、語尾は73ページ、慣用表現は75ページへ

2）先週も映画を（　　）。

① 見ましょうか　② 見ますか　③ ご覧になりますか　❹ 見ましたか

3）A：明日何時に（　　）。

B：午後2時はどうですか。

① お会いになりますか　② 会いましたか　❸ 会いましょうか　④ お会いになりましたか

9 次の場面や状況において最も適切なあいさつやあいづちなどの言葉を①～④の中から1つ選びなさい。

1）店の人が客を迎えるとき。

① ではまた…。　② お会いできてうれしいです。
❸ いらっしゃいませ。　④ いかがですか。

2）電話を切るとき。

① 失礼します。　❷ さようなら。（その場に留まる人に向かって）
③ 分かりました。　④ さようなら。（去る人に向かって）

✎ 韓国語では、電話を切るときや別れるときに「실례합니다：失礼します」とは言わない。

➡ 5級出題範囲のあいさつなどの表現は70ページの合格資料を参照。

10 対話文を完成させるのに最も適切なものを①～④の中から1つ選びなさい。

1）A：（　　　　）

B：いいえ、こちらは天気がいいです。

① 今日の天気はどうですか。　② 冬も好きですか。
③ そちらも夏は暑いでしょう。　❹ そちらも雨がたくさん降っていますか。

2）A：（　　　　）

B：いいえ、木曜日です。

① 何曜日に会いますか。　② 今日学校に行かないのですか。
❸ 今日は水曜日ではないですか。　④ 明日の午後に時間ありますか。

3）A：（　　　　）

B：いいえ、知りません。

❶ あの方をご存じですか。　② 朝食を食べていませんか。
③ 何時に会いますか。　④ 何の本を読みましたか。

4）A：誰がこのドアを開けましたか。

B：（　　　　）

A：あ、そうですか。では、誰ですかね。

① 私が閉めました。　❷ 私ではありません。
③ 姉が朝、開けました。　④ 家にはありません。

5) A：何を注文しましょうか。

B：(　　　　　)

A：いいですね。では、それを2つ注文しましょう。

① どんな果物が好きですか。　② 魚は高いですか。

❸ 冷麺はどうですか。　④ ご飯は食べましたか。

11 文章を読んで問いに答えなさい。

私は映画が趣味です。毎週映画を見ます。ところが今月は仕事がとても忙しいです。映画を見たいのですが、見ることができません。仕事は来月終わります。(　　　　　)映画が見たいです。

【問1】　(　　)に入れるのに適切なものを①～④の中から1つ選びなさい。

① みな、全部　❷ 早く　③ どのように　④ いつも

【問2】　本文の内容と一致するものを①～④の中から1つ選びなさい。

正解 ❸ 今月は映画を見ていません。

12 対話文を読んで、問いに答えなさい。

ミンス：日曜日に何をしましたか。

ユ　ミ：空港へ行きました。友だちが日本から来ました。

ミンス：そこまではどのように行きましたか。

ユ　ミ：バスに乗って行きました。ミンスさんは何をしましたか。

ミンス：私は午前中は勉強をして、午後には友だちとサッカーをしました。

【問1】　거기が指すものを①～④の中から1つ選びなさい。

正解 ❹ 空港

【問2】　本文の内容と一致するものを①～④の中から1つ選びなさい。

正解 ❸ ユミは友だちを迎えに空港に行きました。

第2回 模擬試験 聞き取り問題

➡ 問題は157ページ、台本は181ページへ

1 選択肢を2回ずつ読みます。絵の内容に合うものを①～④の中から1つ選んでください。

1）① これは服です。　❷ これは履き物です。
③ これは靴下です。　④ これは飛行機です。

2）① 車の下に犬がいます。　② 車の後ろに犬がいます。
③ 車の上に犬がいます。　❹ 車の前に犬がいます。

3）① 歌を歌います。　② お茶を飲みます。
❸ 新聞を読みます。　④ タクシーに乗ります。

2 短い文を2回読みます。(　　)の中に入れるのに適切なものを①～④の中から1つ選んでください。

1）(97) 番のバスに乗って来ました。
正解 ❷

2）切手を (5) 枚買いました。
正解 ❹

3）このズボンは (40,000) ウォンです。
正解 ❸

4）(10月11日) に店を始めました。
正解 ❶
✎ 가게를 열다：店を始める、オープンする

3 問いかけなどの文を2回読みます。その応答文として最も適切なものを①～④の中から1つ選んでください。

1）先生、本当にお久しぶりです。
① 失礼します。　❷ (久しぶりに会えて) うれしいです。
③ ゆっくり来てください。　④ どういたしまして。

2）お誕生日はいつですか。
① はい、20歳です。　❷ あさってです。
③ はい、遠いです。　④ 2番目の息子です。

3）今日の日本の天気はどうですか。
① 来月祖母が来ます。　② 昼にタクシーに乗りました。
❸ 雨がたくさん降っています。　④ 韓国の冬は寒いです。

4）コーヒーに砂糖を入れましょうか。
❶ はい、お願いします。　② はい、嫌いです。
③ はい、飲みます。　④ はい、ありません。

4 ①～④の選択肢を２回ずつ読みます。応答文として最も適切なものを１つ選んでください。

1）男：あの食堂は何時に開きますか。
女：（　　）
① 11時に来てください。
② 本当におなかが空きました。
❸ 分かりません。
④ 12時まで仕事をしました。

2）男：単語の問題は難しくありませんか。
女：（　　）
① 鉛筆で書きます。
② とても近いです。
③ とてもつまらないです。
❹ 全部易しいです。

3）女：いつ仕事を始めますか。
男：（　　）
① 水曜日も大丈夫です。
❷ 来月からです。
③ 明日も忙しいです。
④ 来週送ります。

4）女：土曜日に映画を見ましょうか。
男：（　　）
❶ はい、いいですよ。
② いいえ、会社に行きました。
③ はい、すべて見ました。
④ 日曜日は時間があります。

5 対話文を２回読みます。その内容と一致するものを①～④の中から１つ選んでください。

1）男：あの韓国ドラマを見ましたか。
女：ええ、いま見ています。とても面白いです。
正解 ❹ 女性は最近韓国ドラマを見ています。

2）男：今日一緒に夕食を食べましょうか。
女：はい、いいですよ。
正解 ❷ 二人は今日一緒に食事をする予定です。

3）男：ここからソウル駅はどのように行きますか。
女：すみません。よく分かりません。
正解 ❸ 男性は駅を探しています。

4）男：いまも雨が降っていますか。
女：はい、しかしたくさんは降っていません。
男：では、もう少し待ちましょうか。
正解 ❶ いま、雨が降っています。

5）女：もしもし、いま、どこですか。
男：いま空港の駅に降りました。ミホさんは？
女：私はいま電車の中です。そこで10分ほど待ってください。
正解 ❹ 男性は駅で女性を待っています。

第2回 模擬試験 筆記問題

➡ 問題は162ページへ

1 発音どおり表記したものを①～④の中から1つ選びなさい。

1) **正解** ❹ 짧아요[짤바요] 短いです：二文字パッチムの連音化で、「짧+아요→ 짤+바요」と音変化。

2) **正解** ❸ 학교[학꾜] 学校：「ㄱ+ㄱ ➡ ㄱ+ㄲ」の濃音化で、「학+교→ 학+꾜」と音変化。

3) **正解** ❷ 읽습니다[익씀니다] 読みます：代表音＋「ㄱ+ㅅ ➡ ㄱ+ㅆ」の濃音化＋ㅂ니다の鼻音化で、「읽+습+니다→ 익+씁+니다→ 익+씀+니다」と音変化。

2 次の日本語に当たる単語を正しく表記したものを①～④の中から1つ選びなさい。

1) **正解** ❸ 夫：남편

2) **正解** ❷ 外：밖

3) **正解** ❶ 終わる：끝나다

4) **正解** ❹ 小さい：작다

3 次の日本語に当たるものを①～④の中から1つ選びなさい。

1) 横
① 駅　② 薬　❸ 横　④ 前

2) 試験
① 時計　② 市場　③ 考え　❹ 試験

3) 痛い
① 悪い　❷ 痛い　③ 忙しい　④ おなかが空く

4) すぐ
❶ すぐ　② まず　③ もっと　④ ちょっと

5) 忘れる
① 笑う　② 来る　❸ 忘れる　④ 着る

4 (　　)の中に入れるのに最も適切なものを①～④の中から1つ選びなさい。

1) (　　)で飛行機に乗ります。
❶ 空港　② 店　③ 市場　④ 駅

2) どこでこの(　　)を買いましたか。
① 旅行　② 誕生日　③ 趣味　❹ 魚

3) 試験問題は(　　)。
① 低いですか　② 高いですか　❸ 難しいですか　④ 遠いですか

4) 家族は何 (　　) ですか。

① 階　❷ 人　③ 回/番　④ ウォン

5) 名前は鉛筆で (　　)。

① 作ってください　② 買ってください　③ 撮ってください　❹ 書いてください

5 (　　) の中に入れるのに最も適切なものを①～④の中から1つ選びなさい。

1) A：この子がヨンミさんの (　　) ですか。

B：いいえ、隣の家の子供です。

① お兄さん　② お客さん　③ ご主人　❹ 娘さん

2) A：お父さんは病院で (　　)。

B：お医者さんですか。

① 待っています　❷ 働いています　③ 起きます　④ 教えています

3) A：家族はみな背が高いですか。

B：いいえ、姉は背が (　　)。

❶ 低いです　② 遠いです　③ 短いです　④ 低いです

✎ 背が「低い」：키가 작다　建物、位置、気温、値段などが「低い」：낮다

4) A：山へ行きたいです。

B：(　　) 週末に一緒に行きましょうか。

① しかし　② そして　❸ それでは　④ ところが

6 文の意味を変えずに、下線部の言葉と置き換えが可能なものを①～④の中から1つ選びなさい。

1) 家から市場までは遠くないです。

① 低いです　❷ 近いです　③ 短いです　④ 長いです

2) 毎日私が料理をします。

① 食事をします　② 食べ物を入れます　❸ 料理をします　④ 料理を注文します

7 (　　) の中に入れるのに適切なものを①～④の中から1つ選びなさい。

1) タクシーを (　　)。

正解 ❸ 세워요：止めます

2) 昨日はとても (　　)。

正解 ❷ 바빴어요：忙しかったです

3) 姉が来月 (　　)。

正解 ❹ 결혼해요：結婚します

8 (　　) の中に入れるのに適切なものを①～④の中から1つ選びなさい。

✎ 大問8で出題される助詞、語尾、慣用表現の機能は次のページの合格資料を参照してください。
5級出題範囲の助詞は71ページ、語尾は73ページ、慣用表現は75ページへ

1) パン屋で友だち（　　）会いました。

① (人) に　② に　❸ に (会う)　④ (人) に

✎「～に会う」、「～に乗る」のように動作の対象を表わしたり、「～が好きだ、～が嫌いだ」、「～が上手だ、～ができない」のように好悪や能力の対象を表わす場合の助詞「～に、～が」に対応する韓国語の助詞は「을/를」が用いられる。

・친구를 만나요.　友だちに会う。　・지하철을 탑니다.　地下鉄に乗ります。
・과일을 좋아해요.　果物が好きです。　・술을 싫어해요.　お酒が嫌いです。
・영어를 잘해요.　英語が上手です。　・한국어를 못해요.　韓国語ができません。

2) 昨日お酒をたくさん（　　）。

❶ 飲みましたか　② 飲みますか　③ 飲みましょうか　④ 飲みますよね

3) A：これが塩ですよね。

B：塩（　　）。砂糖です。

① のようです　② と言います　③ ですが　❹ ではありません

9 次の場面や状況において最も適切なあいさつやあいづちなどの言葉を①～④の中から1つ選びなさい。

1) 相手に少し待ってほしいとき。

① 申し訳ありません。　② 大丈夫ですか。
③ ではまた…　❹ ちょっと待ってください。

✎ 5級出題範囲のあいさつなどの表現は70ページの合格資料を参照。

2) 初めて会ったとき。

❶ はじめまして。　② 久しぶりです。
③ 失礼します。　④ いらっしゃいませ。

10 対話文を完成させるのに最も適切なものを①～④の中から1つ選びなさい。

1) A：（　　　　）

B：靴と靴下です。

① 誰が来られましたか。　② どんな本を読みましたか。
❸ 何を買いましたか。　④ いつ仕事が終わりますか。

2) A：（　　　　）

B：すみません。週末にも会社へ行きます。

① 会社にはどのように行きますか。　② どんな映画が見たいですか。
③ 夕方一緒に食事しませんか。　❹ 土曜日に山へ行きましょうか。

3) A：お姉さんも（　　　　）

B：いいえ、低いです。

① 仕事を始めましたか。　❷ 背が高いですか。
③ 髪が長いですか。　④ スカートが短いですか。

4）A：家に帰らないのですか。

B：（　　　　）

A：そうですか。ではお先に帰ります（失礼します）。

❶ 宿題をして帰るつもりです。　② 今日は忙しかったです。
③ 仕事がすべて終わりました。　④ 今日はテレビを見るつもりです。

5）A：あさって友だちが来ます。

B：（　　　　）

A：いいえ、アメリカからです。

① 空港まで遠いですか。　② 明日ではありませんか。
③ どこの国の人ですか。　❹ 日本からですか。

11 文章を読んで問いに答えなさい。

私は韓国人の友だちがいます。彼は韓国の大学で日本語を勉強しています。日本語がとても上手です。去年、日本で会いました。1週間に1回電話で（　　　　）。年は私と同じです。

【問1】　（　　）に入れるのに適切なものを①〜④の中から1つ選びなさい。

① 試験を受けます　② 文を書きます
③ 歌を歌います　❹ 話します

【問2】　本文の内容と一致するものを①〜④の中から1つ選びなさい。

正解 ❷ 私には同い年の韓国人の友だちがいます。

12 対話文を読んで、問いに答えなさい。

キョンミン：もしもし、いま地下鉄から降りました。ここからどのように行きますか。
ハ　ヨ　ン：駅の前に病院があります。食堂はその病院の後ろです。
キョンミン：分かりました。
ハ　ヨ　ン：（　　　　）。みな食事を始めました。
キョンミン：すみません。すぐ行きます。

【問1】　（　　）に入れるのに適切なものを①〜④の中から1つ選びなさい。

① バスに乗って来てください　❷ 早く来てください
③ 料理が美味しいです　④ 料理が出てきました

【問2】　本文の内容と一致するものを①〜④の中から1つ選びなさい。

正解 ❸ ハヨンは食堂でキョンミンを待っています。

「ハングル」能力検定試験

個人情報欄 ※必ずご記入ください

受験級	
2　級	○
準2級	○
3　級	○
4　級	○
5　級	○

受験地コード			
⓪	⓪	⓪	⓪
①	①	①	①
②	②	②	②
③	③	③	③
④	④	④	④
⑤	⑤	⑤	⑤
⑥	⑥	⑥	⑥
⑦	⑦	⑦	⑦
⑧	⑧	⑧	⑧
⑨	⑨	⑨	⑨

受験番号			
⓪	⓪	⓪	⓪
①	①	①	①
②	②	②	②
③	③	③	③
④	④	④	④
⑤	⑤	⑤	⑤
⑥	⑥	⑥	⑥
⑦	⑦	⑦	⑦
⑧	⑧	⑧	⑧
⑨	⑨	⑨	⑨

生まれ月日			
	月		日
⓪	⓪	⓪	⓪
①	①	①	①
	②	②	②
	③	③	③
	④		④
	⑤		⑤
	⑥		⑥
	⑦		⑦
	⑧		⑧
	⑨		⑨

氏名	
受験地	

（記入心得）

1. ＨＢ以上の黒鉛筆またはシャープペンシルを使用してください。（ボールペン・マジックは使用不可）
2. 訂正するときは、消しゴムで完全に消してください。
3. 枠からはみ出さないように、ていねいに塗りつぶしてください。

（記入例）解答が「１」の場合

良い例	●	②	③	④	
悪い例	レ点	線	バッテン	点	うすい

聞きとり

1	①	②	③	④
2	①	②	③	④
3	①	②	③	④
4	①	②	③	④
5	①	②	③	④
6	①	②	③	④
7	①	②	③	④
8	①	②	③	④
9	①	②	③	④
10	①	②	③	④
11	①	②	③	④
12	①	②	③	④
13	①	②	③	④
14	①	②	③	④
15	①	②	③	④
16	①	②	③	④
17	①	②	③	④
18	①	②	③	④
19	①	②	③	④
20	①	②	③	④

筆　記

1	①	②	③	④
2	①	②	③	④
3	①	②	③	④
4	①	②	③	④
5	①	②	③	④
6	①	②	③	④
7	①	②	③	④
8	①	②	③	④
9	①	②	③	④
10	①	②	③	④
11	①	②	③	④
12	①	②	③	④
13	①	②	③	④
14	①	②	③	④
15	①	②	③	④
16	①	②	③	④
17	①	②	③	④
18	①	②	③	④
19	①	②	③	④
20	①	②	③	④
21	①	②	③	④
22	①	②	③	④
23	①	②	③	④
24	①	②	③	④
25	①	②	③	④
26	①	②	③	④
27	①	②	③	④
28	①	②	③	④
29	①	②	③	④
30	①	②	③	④
31	①	②	③	④
32	①	②	③	④
33	①	②	③	④
34	①	②	③	④
35	①	②	③	④
36	①	②	③	④
37	①	②	③	④
38	①	②	③	④
39	①	②	③	④
40	①	②	③	④

41問～50問は２級のみ解答

41	①	②	③	④
42	①	②	③	④
43	①	②	③	④
44	①	②	③	④
45	①	②	③	④
46	①	②	③	④
47	①	②	③	④
48	①	②	③	④
49	①	②	③	④
50	①	②	③	④

ハングル能力検定協会

答案用紙サンプル

「ハングル」能力検定試験

個人情報欄 ※必ずご記入ください

受験級	受験地コード	受験番号	生まれ月日
2 級…○ 準2級…○ 3 級…○ 4 級…○ 5 級…○	⓪〜⑨ (4桁)	⓪〜⑨ (4桁)	月 ⓪①/⓪〜⑨　日 ⓪〜③/⓪〜⑨

氏名

受験地

(記入心得)
1. ＨＢ以上の黒鉛筆またはシャープペンシルを使用してください。(ボールペン・マジックは使用不可)
2. 訂正するときは、消しゴムで完全に消してください。
3. 枠からはみ出さないように、ていねいに塗りつぶしてください。

(記入例)解答が「１」の場合

良い例 ● ② ③ ④

悪い例 レ点 線 バッテン 点 うすい

聞きとり

問				
1	①	②	③	④
2	①	②	③	④
3	①	②	③	④
4	①	②	③	④
5	①	②	③	④
6	①	②	③	④
7	①	②	③	④
8	①	②	③	④
9	①	②	③	④
10	①	②	③	④
11	①	②	③	④
12	①	②	③	④
13	①	②	③	④
14	①	②	③	④
15	①	②	③	④
16	①	②	③	④
17	①	②	③	④
18	①	②	③	④
19	①	②	③	④
20	①	②	③	④

筆記

問				
1	①	②	③	④
2	①	②	③	④
3	①	②	③	④
4	①	②	③	④
5	①	②	③	④
6	①	②	③	④
7	①	②	③	④
8	①	②	③	④
9	①	②	③	④
10	①	②	③	④
11	①	②	③	④
12	①	②	③	④
13	①	②	③	④
14	①	②	③	④
15	①	②	③	④
16	①	②	③	④
17	①	②	③	④
18	①	②	③	④
19	①	②	③	④
20	①	②	③	④
21	①	②	③	④
22	①	②	③	④
23	①	②	③	④
24	①	②	③	④
25	①	②	③	④
26	①	②	③	④
27	①	②	③	④
28	①	②	③	④
29	①	②	③	④
30	①	②	③	④
31	①	②	③	④
32	①	②	③	④
33	①	②	③	④
34	①	②	③	④
35	①	②	③	④
36	①	②	③	④
37	①	②	③	④
38	①	②	③	④
39	①	②	③	④
40	①	②	③	④

41 問～ 50 問は 2 級のみ解答

問				
41	①	②	③	④
42	①	②	③	④
43	①	②	③	④
44	①	②	③	④
45	①	②	③	④
46	①	②	③	④
47	①	②	③	④
48	①	②	③	④
49	①	②	③	④
50	①	②	③	④

ハングル能力検定協会

《著者紹介》

李昌圭
武蔵野大学名誉教授

▶ 市販中の著書はネット書店で著者名から検索できます。

吹き込み　李忠均、崔英姫、宗像奈緒
装　　丁　申智英
イラスト　夫珉哲
編　　集　小高理子

改訂新版 ハングル能力検定試験５級 実戦問題集

著者　李昌圭

発行者　原雅久
発行所　株式会社　朝日出版社
101-0065　東京都千代田区西神田 3-3-5
電話　03-3263-3321
振替口座　00140-2-46008
http://www.asahipress.com/
組版／㈱剛一　印刷／図書印刷

乱丁、落丁本はお取り替えいたします。
ISBN978-4-255-01268-1 C0087